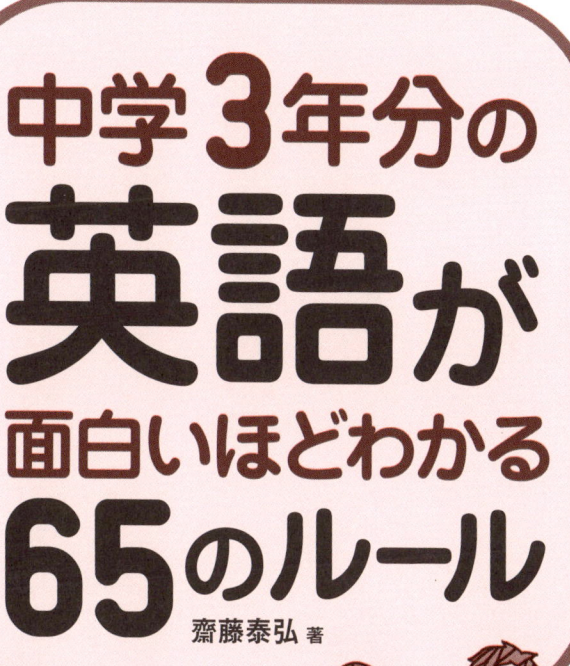

中学3年分の英語が面白いほどわかる65のルール

齋藤泰弘 著

はじめに

　本書は中学校の3年間で学ぶ英語の重要なポイントを65のルールにまとめており、それぞれの項目において、大事な例文とその文法事項を簡潔に説明しています。

　「英語が苦手」「英語がわからない」というのは、原因は2つあります。1つは基礎自体が不十分な場合、そしてもう1つは、例えば分詞など、ある項目が理解不十分で、学習者がとまどっている場合です。

　本書では、まず第1章と第2章において、英語の基礎固めをします。第3章以降は、英文法のそれぞれの項目同士の関連性はあまりないので、自分がわからない所、ニガテな所をピンポイントで学習すればよいでしょう。

　本書の特徴は、「英語の文は3種類しかない」を、英文法の基本として掲げていることです。

　動詞が文の構成を決定するため、**第1章**では「英語の3種類の文」（be動詞の文、一般動詞の文、助動詞の文）を説明していきます。これにより、3種類の文を疑問文・否定文を含めて、正しく作れるようになります。

「語順」と「3種類の文」が英語の基本です。英語の書き換え問題などは、この3種類のやりとりを問うものが多く（例：will の文 ⇔ be going to の文）、皆さんは本書の手順をふめば正確に解くことができるようになります。

第2章では、代名詞や名詞の単数形・複数形の扱いを説明するとともに、学習上の難点である「不規則変化」を取り上げています。地道に暗記するしかないために、取り組む意欲こそがカギとなります。そこで不規則変化が大切な日常語であることを説いていきます。ルール19で「不規則動詞の変化」をまとめていますので、ぜひこれらを覚えてください。以上、第1章と第2章で英文法の基本を学習します。

第3章では、動詞を変化させて、いわゆる他の品詞（分詞など）として使用する文法項目をまとめています。他の品詞になるため、文のどこで使われるかが重要になります。それを「見える化」していきます。皆さんはその項目が英文のどこで使われるかを確認しながら理解することができます。

第4章では、関係代名詞など、英文全体に関わる項目を、そして**第5章**では、感嘆文や There is 〜の文など、特別な形の文を学びます。これらは文が長く、だんだん複雑になっていきますが、皆さんはこれまで培ってきた基礎力で、これらの長い文にもチャレンジしてみてください。

このように、本書は**「基礎から応用へ」**と段階を追って学習できる構成になっています。そして本当に理解できているかどうか、練習問題を解いてみて確認することができます。

中学生の方はもちろん、英語をやりなおしたい大人の方まで、多くの方々のお役に立てば幸いです。

はじめに

第 1 章　英語の文は3種類

- **ルール 1**　代名詞① ……………………………… 14
- **ルール 2**　代名詞② ……………………………… 16
- **ルール 3**　be 動詞の文① ………………………… 18
- **ルール 4**　be 動詞の文② ………………………… 22
- **ルール 5**　be 動詞と一般動詞 …………………… 26
- **ルール 6**　一般動詞の文① ……………………… 30
- **ルール 7**　一般動詞の文② ……………………… 34
- **ルール 8**　一般動詞の文③ ……………………… 37
- **ルール 9**　助動詞の文① ………………………… 40
- **ルール 10**　助動詞の文② ………………………… 44

ルール 11	助動詞 will	48
ルール 12	助動詞 can	51
ルール 13	助動詞 may と must	54
ルール 14	be going to と will	58
ルール 15	be able to	62
ルール 16	have to	64

第 2 章　英語のいろいろな規則

ルール 17	人称代名詞の変化	68
ルール 18	一般動詞に s がつく	72
ルール 19	不規則動詞の変化	75
ルール 20	数えられる名詞	84

ルール21	**数えられない名詞**	87
ルール22	**名詞の複数形の作り方**	90
ルール23	**動詞の過去形、ing 形の作り方**	94
ルール24	**冠詞 a と the の使い方**	98
ルール25	**名詞を修飾する語句の位置**	102

第3章　動詞が変化すると

ルール26	**進行形（ing 形）①**	108
ルール27	**進行形（ing 形）②**	112
ルール28	**受動態①**	116
ルール29	**受動態②**	120
ルール30	**受動態③**	125

ルール 31	受動態④	130
ルール 32	不定詞①	134
ルール 33	不定詞②	137
ルール 34	不定詞③	142
ルール 35	不定詞④	145
ルール 36	不定詞⑤	149
ルール 37	不定詞⑥	153
ルール 38	動名詞①	158
ルール 39	動名詞②	161
ルール 40	動名詞と不定詞	166
ルール 41	現在完了とは	170
ルール 42	現在完了 ①完了	173
ルール 43	現在完了 ②経験	178

| ルール44 | 現在完了 ③継続 …………………………… 182 |

第4章　文が長くなっていくパターン

ルール45	比較級 …………………………………………… 188
ルール46	最上級 …………………………………………… 192
ルール47	as ～ as の文 ………………………………… 196
ルール48	比較の様々な表現① ………………………… 200
ルール49	比較の様々な表現② ………………………… 204
ルール50	疑問詞のある文① …………………………… 208
ルール51	疑問詞のある文② …………………………… 212
ルール52	まとまりを作る疑問詞 ……………………… 216
ルール53	主語になる疑問詞 …………………………… 220

ルール 54	疑問詞を使った比較級・最上級	224
ルール 55	関係代名詞①	228
ルール 56	関係代名詞②	232
ルール 57	関係代名詞③	236
ルール 58	関係代名詞④	240
ルール 59	関係代名詞⑤	243
ルール 60	親文と子文	247

第5章 特別な形の文

ルール 61	命令文	252
ルール 62	感嘆文	256
ルール 63	There is ～／There are ～ の文	259

| ルール64 | 付加疑問文 | 263 |
| ルール65 | 間接疑問文 | 266 |

カバーデザイン　高橋千恵

カバーイラスト　羽尾美樹

本文デザイン　　滝口美香

本文イラスト　　たかおかおり

第 1 章

英語の文は3種類

〈代名詞①〉
「私・あなた・彼・彼女」は I, you, he, she

1 人称代名詞

「〜は」

<単数形>

私	I
あなた	you
彼 彼女 それ	he she it

<複数形>

私たち	we
あなたたち	you
彼ら 彼女ら それら	they

「～の」

<単数形>

私の	my
あなたの	your
彼の 彼女の それの	his her its

<複数形>

私たちの	our
あなたたちの	your
彼らの 彼女らの それらの	their

「～に（～を）」

<単数形>

私に	me
あなたに	you
彼に 彼女に それに	him her it

<複数形>

私たちに	us
あなたたちに	you
彼らに 彼女らに それらに	them

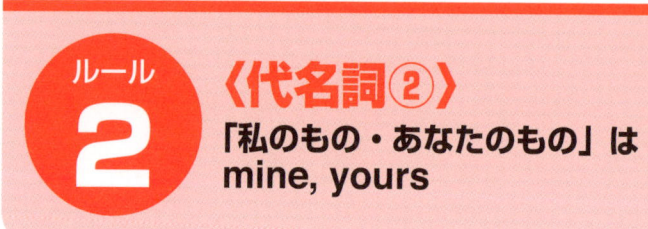

1 所有代名詞

<単数形>　　　　　　　　　　<複数形>

私のもの	mine	私たちのもの	ours
あなたのもの	yours	あなたたちのもの	yours
彼のもの 彼女のもの	his hers	彼らのもの 彼女らのもの	theirs

＊所有代名詞のあとに名詞は続かないので、注意しましょう。

2 指示代名詞

<単数形>　　　　　　　　<複数形>

これ	this	これら	these
あれ	that	あれら	those

3 不定代名詞

いくつか	some, any
何か	something, anything
だれか	someone, anyone

すべての、みんな	all
それぞれの	each
別のもの	another
ほかのもの	other, others

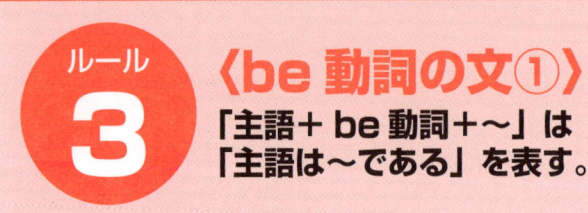

解説 まずは解説をしっかり読もう！

am, is, are, was, were を「be 動詞」といいます。主語や時制（現在、過去）によって、それぞれ決まります。

＜単数形（現在、過去）＞　＜複数形（現在、過去）＞

私	am	was	私たち	are	were
あなた	are	were	あなたたち	are	were
彼 / 彼女 / それ	is	was	彼ら / 彼女ら / それら	are	were

英語は決まった語順で文を作ります。「主語（人、物）＋ be 動詞＋〜」で「主語（人、物）は〜である」を表します。「〜」の部分には名詞または形容詞がきます。

第 1 章　英語の文は 3 種類

1 「…は〜である」

She is a student.　　（彼女は学生です）
I am busy now.　　（私は今、忙しい）
His name is Tom.　　（彼の名前はトムです）
That car is very old.　（あの車はとても古い）

2 「…は〜にいる」「…は〜にある」

「主語＋ be 動詞＋〜」で場所（〜にいる／ある）を表すことができます。「〜」の部分には in Tokyo（東京に）や on the desk（机の上に）など、場所を表すことばがきます。

Tom is in Tokyo now.　　（トムは今、東京にいる）
Your bag is on the desk.（あなたのカバンは机の上にある）

次の英文を日本語にしましょう。
1 **He is a teacher.**
2 **She is my sister.**
3 **This book is interesting.**

1 彼は先生です。

主語が she（彼女）のときも同じように、She is a teacher.（彼女は先生です）になります。

2 彼女は私の妹です。

解説

my ～（私の～）、your ～（あなたの～）のように、～の部分には名詞がきます。

3 この本はおもしろい。

解説

This book is ～を複数形の文にすると、These books are interesting.（これらの本はおもしろい）のようになります。is が are に変わります。

第1章 英語の文は3種類

次の文を英語で書いてみましょう。

1 母はこの学校の先生です。
2 トムと私はよい友達です。
3 とも子は今、忙しい。
4 彼は今、アメリカにいます。
5 今5時です。
6 昨日は一日中、晴れでした。
7 弟は今、庭にいる。
8 彼女のカバンはテーブルの上にある。

1 My mother is a teacher of this school.
2 Tom and I are good friends.
3 Tomoko is busy now.
4 He is in America now.
5 It is five o'clock now.
6 It was fine all day yesterday.
7 My brother is in the garden now.
8 Her bag is on the table.

〈be 動詞の文②〉
否定文は、be 動詞のあとに not をつける。
疑問文は、be 動詞を文の最初に。

1 否定文のときは、**be 動詞のあとに not** をつけます。

My sister **is not** a good driver.

（姉は車の運転はうまくありません）

There **were not** any cars on the road.

（路上に車はなかった）

2 疑問文のときは、**be 動詞を文の最初**にもってきます。

Are you his teacher?

（あなたは彼の先生ですか？）

Are there any books in this box?

（この箱の中に本はありますか？）

短縮形を覚えましょう

is not = isn't　　　are not = aren't

was not = wasn't　were not = weren't

第 1 章　英語の文は 3 種類

次の英文を否定文と疑問文にしましょう。
She is a famous singer.
（彼女は有名な歌手です）

否定文

She isn't a famous singer.
（彼女は有名な歌手ではない）

疑問文

Is she a famous singer?
（彼女は有名な歌手ですか？）

答え方の例

Yes, she is.　（はい、そうです）
No, she is not.（いいえ、違います）

練習 実践!!

次の文を英語で書いてみましょう。

〈否定文〉

1 母はこの学校の先生ではない。

2 トムと私は今、よい友達ではない。

3 とも子は今、忙しくないよ。宿題していないよ。

〈疑問文〉

4 あなたは今アメリカにいますか？

5 今5時ですか？

6 昨日は1日中、晴れでしたか？

7 弟は今、模型飛行機を作っているの？

第1章　英語の文は3種類

1. My mother isn't a teacher of this school.
2. Tom and I aren't good friends now.
3. Tomoko isn't busy now. She isn't doing her homework.
4. Are you in America now?
5. Is it five o'clock now?
6. Was it fine all day yesterday?
7. Is my brother making a model airplane now?

ルール5 〈be 動詞と一般動詞〉
動詞は、主語や時制（現在、過去など）を示す。

解説 まずは解説をしっかり読もう！

　動詞は、be 動詞とその他の2種類です。「ルール3、4」で学んだように、am, is, are, was, were を be 動詞といいます。その他の動詞を<u>一般動詞</u>といいます。

　動詞には2つの役割があります。その1つは「主語がだれなのか」を示すことです。たとえば、"… am busy" を最初聞き取れなかったとしても、am と言っているので主語は I と推測できます。このように主語（人称、単数、複数）に応じて、形が決まっているのです。

　動詞のもう1つの役割は、それが「いつ起きたのか」（現在、過去など）を示すことです。時制によって動詞の形が変わります。

　例　**I visited Fukushima yesterday.**
　　（私は昨日、福島を訪れた）
　この文では yesterday（昨日）は過去のことを表し、visited（訪れた）も過去ですね。

　動詞を be 動詞とその他の2種類に分けるのは、文を作るポ

第1章 英語の文は3種類

イントが異なるからです。

be 動詞には①「ある／いる」、②「である」の2つの意味があります。主語・時制（現在、過去など）に応じて、am, is, are, was, were と変化します。

その他の動詞は be 動詞以外のすべてですから、たくさんあります。（have, like, play, study など）

例　I **live** in Chiba.（私は千葉に住んでいる）

　　We often **swim** in the sea.

　（ぼくたちはよく海で泳ぐ）

次の英文の（　）内の語を現在形か過去形にしましょう。
My birthday (**1** be) November 16th. I (**2** be) born in this town. Look, there (**3** be) a white building over there. That (**4** be) a hospital, and I (**5** be) born there. I (**6** visit) it yesterday.

1 is　**2** was　**3** is　**4** is　**5** was　**6** visited

解説
訳：私の誕生日は11月16日です。私はこの町で生まれました。見て、向こうに白い建物がある。あれは病院で、私はそこで生まれた。昨日そこへ行ってみた。

練習  実践!!

1 be の変化形を全部書きましょう。
(   ) (   ) (   ) (   ) (   )

2 次の動詞を英語で書きましょう。

食べる （　　）	切る （　　）	書く （　　）
買う （　　）	考える（　　）	売る （　　）
持つ （　　）	走る （　　）	置く （　　）
読む （　　）	作る （　　）	来る （　　）
運転する（　　）	言う （　　）	閉める（　　）
飛ぶ （　　）	話す （　　）	好む （　　）
始まる （　　）	立つ （　　）	飲む （　　）
ほしい （　　）	寝る （　　）	使う （　　）

答 確認!!

1 am, is, are, was, were

2 eat, cut, write,
buy, think, sell,
have, run, put.
read, make, come,
drive, say, shut,
fly, talk, like,
start, stand, drink,
want, sleep, use

ルール6 〈一般動詞の文①〉

- 主語が3人称単数のとき、動詞の現在形にはs（またはes）がつく。
- 規則動詞にedをつけると過去形になる。

解説 まずは解説をしっかり読もう！

1 動詞の現在形にsがつくとき

he（彼）、she（彼女）、it（それ）は3人称と呼ばれます。これらが主語のとき、動詞の現在形にはs（またはes）がつきます。mother, cat, Tomなどの人・動物・物など〔単数〕の場合もs（またはes）がつきます。（ルール18、22を参照）

My mother buys bread at the store.
（母はその店でパンを買う）

Our cat likes this cat food.
（うちのネコはこのキャットフードが好きだ）

2 動詞の過去形：規則動詞

規則動詞のときはedをつけると過去形になります。

〈例〉visit（訪れる） → visited（訪れた）

We visited Osaka last summer.
（私たちは去年の夏に大阪を訪れた）

第 1 章　英語の文は 3 種類

3 動詞の過去形：不規則動詞

不規則動詞のときは ed をつけるのではなく、それぞれ異なります。（ルール 19 を参照）

〈例〉**go**（行く）→　**went**（行った）

My grandmother went to Tokyo.

（祖母は東京に行った）

1 次の英文を日本語にしましょう。
I like her.
2 have を正しい形にして、英文を完成させましょう。
She (　　) a nice voice.

1 ぼくは彼女が好きだ。

解説

主語の I は 1 人称です。したがって動詞に s はつきません。

2 **She has a nice voice.**

解説

She は 3 人称単数ですから、動詞は have ではなく has になります。

31

次の日本語をそれぞれ下の単語を使って英文にしましょう。(　　)内の動詞を使いますが、必要なら適当な形に直しましょう。

〈現在形〉

1 私たちは毎日学校へ行く。
 (go), day, to, we, every, school

2 ジローと僕はフットボールが好きだ。
 (like), I, Jiro, football, and

3 私たちの学校は8時30分に始まる。
 (begin), 8:30, our, at, school

4 兄は毎日、味噌汁を作る。
 (make), misoshiru, my, every, brother, day

〈過去形〉

5 純子は昨日その雑誌を読んだ。
 (read), yesterday, the, Junko, magazine

6 母は私にクッキーを焼いてくれた。
 (bake), my, for, cookies, mother, me

7 タケシは去年、家族と京都へ行った。
 (go), with, Kyoto, his, last, to, family, year, Takeshi

8 この前の日曜に花子と君はその歌手を見たんだ！

(see)，you, Sunday, singer, Hanako, last, the, and

9 先生はその知らせを知り、とても喜んでいた。

(know)，our teacher, very happy, the, and she, was, news

〈現在形〉

1 We go to school every day.

2 Jiro and I like football.

3 Our school begins at 8:30.

4 My brother makes misoshiru every day.

〈過去形〉

5 Junko read the magazine yesterday.

6 My mother baked cookies for me.

7 Takeshi went to Kyoto with his family last year.

8 You and Hanako saw the singer last Sunday!

9 Our teacher knew the news and she was very happy.

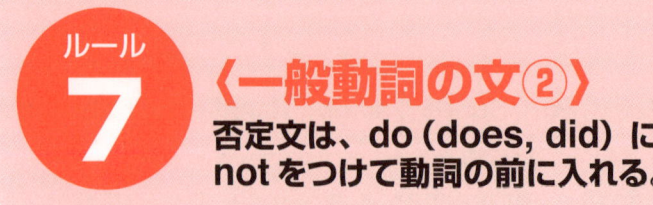

〈一般動詞の文②〉
否定文は、do (does, did) に not をつけて動詞の前に入れる。

解説 まずは解説をしっかり読もう！

「ルール7、8」では一般動詞の文の否定文・疑問文の作り方を学習しましょう。現在形のときはdo（またはdoes）を、過去形のときはdidを使います。

1 否定文

肯定文を否定文にするときは、do (does, did) に notをつけて、動詞の前に入れます。現在形で主語が3人称単数（he, she, itなど）のときはdoesを、過去形の場合はdidを使います。

I like apples.
（私はリンゴが好きだ）

⇒ **I do not like apples.**
（私はリンゴが好きではない）

Takashi knows the title of the song.
（タカシはその曲のタイトルを知っている）

⇒ **Takashi does not know the title of the song.**
（タカシはその曲のタイトルを知らない）

We watched TV last night.
（私たちは昨夜テレビを見た）
⇒ **We did not watch TV last night.** 〔過去形〕
（私たちは昨夜テレビを見なかった）

短縮形を覚えましょう

do not=don't
does not=doesn't
did not=didn't

練習 実践!!

次の日本語を（ ）内の語数で英文にしましょう。

1 先生は彼女の名前を知らない。(6語)
2 純子は昨日その雑誌を読まなかった。(6語)
3 兄は今日、味噌汁を作らなかった。(6語)

答 確認!!

1 **Our teacher doesn't know her name.**
2 **Junko didn't read the magazine yesterday.**
3 **My brother didn't make misoshiru today.**

ルール8 〈一般動詞の文③〉
疑問文は、文の最初に Do (Does, Did) を入れる。

解説 まずは解説をしっかり読もう！

1 疑問文

疑問文を作るときは、**文の最初に Do (Does, Did)** を入れます。

Do they study in this room?
(彼らはこの部屋で勉強するの？)
-Yes, they do. / No, they do not.
(はい、そうです／いいえ、違います)

Did you have an umbrella at that time? 〔過去形〕
(そのとき君は傘を持っていたの？)
-Yes, I did. / No, I did not.
(はい、持っていました／いいえ、持っていませんでした)

例題

次の英文を日本語にしましょう。

Do you like her new CD?　- Yes, I do.

答

君は彼女の新作CDは好き？　-うん、好きだよ。

練習 実践!!

次の日本語を（　）内の語数で英文にしましょう。

1 ジローと君は野球が好きですか？（6語）
　-はい、好きです。（3語）
2 あなたたちの学校は8時30分に始まるのですか？（6語）
3 タケシは去年ハワイへ家族と行きましたか？（10語）
4 あなたのお父さんはあなたにサンドイッチを作って
　くれたのですか？（7語）
5 君は彼女の新作CDは好き？（6語）
　-はい。（3語）
6 この前の日曜、花子と君はその歌手を見ましたか？（9語）
　-いいえ、見ませんでした。（3語）
＊「ハワイ」Hawaii　　「サンドイッチ」sandwiches

第 1 章　英語の文は 3 種類

答　確認!!

1 Do you and Jiro like baseball?

  - Yes, we do.

2 Does your school begin at 8:30?

3 Did Takeshi go to Hawaii with his family last year?

4 Did your father make sandwiches for you?

5 Do you like her new CD?

  - Yes, I do.

6 Did you and Hanako see the singer last Sunday?

  - No, we didn't.

ルール9 〈助動詞の文①〉
助動詞は、話し手の「決意、推測、判断」などを表す。

解説 まずは解説をしっかり読もう！

今まで学んだ動詞の文は、現在や過去の「事実」を表す文でした。

I am a singer. 　　（私は歌手です）
I sang songs. 　　（私は歌を歌った）

一方、助動詞は「事実」ではなく、話し手が「頭の中で考えていること」を表すときに使われます。助動詞には will, may, can, must などがあります。

＜助動詞の意味＞
will 　（～するつもりだ／～だろう）
may 　（～かもしれない／～してもよい）
can 　（～できる）
must 　（～しなければならない）

例文を見てみましょう。

1　**I will go for a walk.**
2　**He may come here with his girlfriend.**
3　**She can speak French.**
4　**We must do our best.**

1　私はちょっと散歩に行きます。
2　彼はガールフレンドと一緒にここに来るかもしれない。
3　彼女はフランス語を話すことができる。
4　私たちは全力を尽くさなければならない。

どの文でもまだ行動は実際には起きていませんね。このように助動詞は will（〜するつもりだ／〜だろう）、may（〜かもしれない／〜してもよい）、can（〜できる）、must（〜しなければならない）と「話し手の決意、推測、判断」を表すのです。

例題

次の日本語を英文にしましょう。
「僕は彼女のコンサートに行くぞ。」
(　　) (　　) (　　) (　　) (　　) concert.

答

I will go to her concert.

練習　実践!!

次の英文に助動詞を入れて、それぞれ文を作りましょう。その状況を思い浮かべて日本語にしましょう。なお助動詞があるときは動詞に s はつきません。

He finishes his homework before dinner.

1 (must)　He _____.
　　　　　（訳：　　　　　　　　　　　　　　　　）

第1章 英語の文は3種類

2 (may)   He _____.
(訳：   )

3 (can)   He _____.
(訳：   )

4 (will)   He _____.
(訳：   )

答 確認!!

1 He must finish his homework before dinner.
（彼は夕食前に宿題を終わらせなければならない）

2 He may finish his homework before dinner.
（彼は夕食前に宿題を終わらせるかもしれない）

3 He can finish his homework before dinner.
（彼は夕食前に宿題を終わらせることができる）

4 He will finish his homework before dinner.
（彼は夕食前に宿題を終わらせるだろう）

ルール10 〈助動詞の文②〉
助動詞は、動詞の前にくる。否定文・疑問文の作り方は do (does, did) と似ている。

解説　まずは解説をしっかり読もう！

助動詞は、文の中では動詞に優先されます。助動詞は、主語が 3 人称単数（he, she, it など）であっても s をつけることはなく、動詞も常に変化しません。

1 助動詞は、動詞の前にきます。

Our teacher will come to the park tomorrow.

（先生は明日、公園に来るだろう）

2 助動詞は、1 つの文に 1 つだけ。

He must answer this question.

× must can

（彼はこの問題に答えなければならない）

3 否定文

否定文のときは、助動詞に not をつけて、動詞の前におきます。

They will not follow their teacher's advice.

（彼らは先生のアドバイスに従わないだろう）

短縮形を覚えましょう

can not = can't　　　will not = won't
must not = mustn't

4 疑問文

疑問文のときは、文の最初に助動詞がきます。

Can he play tennis?
-Yes, he can. / No, he can not.

（彼はテニスできる？）
－（はい、できるよ／いいえ、できないよ）

5 過去形

助動詞 can, will, may の過去形は、それぞれ could, would, might です。

＊過去形 would は、会話で依頼をするときなどによく使われます。

Would you open the window?

（窓を開けてくれますか？）

例題

次の英文を日本語にしましょう。

Can she dance?
- Yes, she can.

答

彼女はダンスはできるの？
－うん、できるよ。

練習 実践!!

次の日本語を（　）内の単語を使って英文にしましょう。

1 兄はギターが弾ける。

（brother, guitar, play, can, the, my）

2 明日は晴れるでしょう。

（be, fine, it, will, tomorrow）

3 6時までにこれを終わらせるぞ。

（this, finish, by, will, six, I）

4 君は毎日牛乳を飲まなきゃ。

（you, day, milk, every, drink, must）

第 1 章 英語の文は 3 種類

5 その先生は中国語が話せない。

(speak, the, Chinese, can't, teacher)

6 この机を使ってもいいですか？

－いいですよ。

(I, may, this, use, desk － you, yes, may)

7 この椅子をあの部屋まで運ばなければいけませんか？

－そうです。

(chair, this, that, I, room, to, must, carry

- must, you, yes)

答 確認!!

1 My brother can play the guitar.
2 It will be fine tomorrow.
3 I will finish this by six.
4 You must drink milk every day.
5 The teacher can't speak Chinese.
6 May I use this desk?
　-Yes, you may.
7 Must I carry this chair to that room?
　-Yes, you must.

ルール11 〈助動詞 will〉
will は①「〜するつもり」、②「〜するだろう」を表す。

解説 まずは解説をしっかり読もう！

will は①「〜するつもり」、②「〜するだろう」を表す助動詞です。もともと「意志」という意味の名詞で、そこから助動詞へと転じました。

1 will 〜 「〜するつもり」

I will leave this town next month.

（私は来月この町を去るつもりだ）

＊ Will you 〜 ?

（あなたは〜する意志がありますか？ → 〜してくれますか？）

Will you tell me the way to the station?
- Sure. / Certainly. / All right.

（駅への道を教えてくれますか？ －いいですよ）

＊ would like to 〜 （〜したい）

will の過去形 would を使って、「〜したい」という気持ちを表します。

第 1 章　英語の文は 3 種類

I would like to have one more cake.

（ケーキをもう 1 つ、いただきたいです）

2 will ～　「～するだろう」

これから起こることを予想したり、未来のことを表します。

They will arrive here soon.

（彼らはすぐにここに着くだろう）

My grandmother will be eighty next year.

（祖母は来年 80 歳になる）

例題

次の英文を「私は立派な歌手になってみせる」という英文に書きかえましょう。

＊「立派な」good

I am a good singer.

答

I will be a good singer.

解説

意志を表します。

練習 実践!!

次の日本語を（ ）内の単語を使って英文にしましょう。

1 放課後、野球をするぞ。

（I, school, after, will, play, baseball）

2 その窓を開けてくれますか？

（the, open, will, window, you）？

3 家に帰りたいです。

（would, go, like, I, to, home）

4 明日は雨でしょう。

（it, tomorrow, rain, will）

5 母は来年40歳になる。

（mother, my, year, years, forty, next, be, will, old）

答 確認!!

1 I will play baseball after school.

2 Will you open the window?

3 I would like to go home.

4 It will rain tomorrow.

5 My mother will be forty years old next year.

第 1 章　英語の文は 3 種類

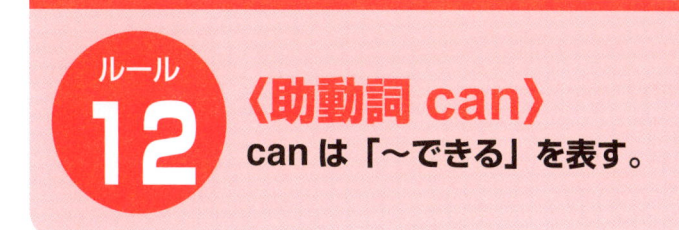

ルール 12 〈助動詞 can〉
can は「〜できる」を表す。

解説 まずは解説をしっかり読もう！

canは「〜できる」を表す助動詞です。そのほかにもちょっと使い方を広げて、次のようにも使われます。

■ can 〜　「〜できる」

She can speak French.
（彼女はフランス語を話すことができる）

＊ Can I 〜 ?
（私は〜することができますか？　→　〜してもいいですか？）
Can I use your dictionary?
（あなたの辞書を使ってもいいですか？）

＊ Can you 〜 ?
（あなたは〜できますか？　→　〜してくれますか？）
Can you open the door?
（ドアを開けてくれますか？）

2 can't ～ 「～できない」

I can't swim.

(私は泳げない)

* can't ～

(～できない　→　～のはずがない)

His story can't be true.

(彼の話は本当であるはずがない)

例題　次の日本語を英文にしましょう。(　)内に単語を入れてください。
「私はピアノを弾ける。」
(　　)(　　)(　　　)(　　)(　　).

答　**I can play the piano.**

第1章　英語の文は3種類

練習 実践!!

次の日本語を（　）内の単語を使って英文にしましょう。

1 マユミはテニスができる。

（can, tennis, Mayumi, play）

2 あなたはこの歌を歌えますか？
　－いいえ、歌えません。

（song, sing, can, this, you）？　-（I, no, can't）

3 あなたの隣に座ってもいいですか？

（you, sit, can, next, I, to）？

4 太郎を手伝ってくれますか？

（Taro, can, help, you）？

5 彼が弁護士であるはずがない。

（he, a, be, lawyer, can't）

答 確認!!

1 Mayumi can play tennis.
2 Can you sing this song?
　- No, I can't.
3 Can I sit next to you?
4 Can you help Taro?
5 He can't be a lawyer.

ルール13 〈助動詞 may と must〉

may は「〜してもよい、〜かもしれない」must は「〜しなければならない、〜にちがいない」を表す。

解説　まずは解説をしっかり読もう！

1 may 〜 「〜してもよい、〜するかもしれない」

may はもともと「力」という意味からできた語です。「そうなる力がある」→「〜してもよい」「〜するかもしれない」の意味になりました。

May I come in?
（入ってもよいですか？）

Hanako may come to the party.
（花子はパーティーに来るかもしれない）

2 must 〜 「〜しなければならない、〜にちがいない」

You must finish this report by tomorrow.
（君は明日までにこのレポートを仕上げなければならない）

She must be over thirty years old.
（彼女は30歳以上にちがいない）

第1章　英語の文は3種類

＊ must not 〜　「〜してはいけない」

must の否定形 must not 〜は「〜してはいけない」を表します。

We must not smoke in this building.

(我々はこのビルでタバコを吸ってはならない)

例題

次の日本語を英文にしましょう。(　　)内に単語を入れてください。

「彼女はそのコンサートで歌うかもしれない。コンサートに行かなきゃ！」

She (　　) (　　) in the concert.
I (　　) (　　) to the concert!

答

She may sing in the concert.
I must go to the concert!

練習 実践!!

次の日本語を（　）内の単語を使って英文にしましょう。

1 この部屋で7時までピアノを弾いてよろしい。

(room, piano, the, this, seven, you, play, till, in, may)

2 このペンを使ってもよいですか？

(this, use, may, pen, I) ?

3 明日は雪が降るかもしれない。

(tomorrow, it, snow, may)

4 私は彼らに「だめ」と言わなければならない。

(say, I, them, must, to,'No')

5 次郎は正直な少年にちがいない。

(Jiro, boy, be, honest, an, must)

6 君は部屋を毎日掃除しなきゃだめだよ。

(room, day, the, every, clean, you, must)

7 この建物では走ってはいけない。

(not, run, building, in, must, you, this)

第 1 章　英語の文は 3 種類

答　確認!!

1. You may play the piano in this room till seven.
2. May I use this pen?
3. It may snow tomorrow.
4. I must say 'No' to them.
5. Jiro must be an honest boy.
6. You must clean the room every day.
7. You must not run in this building.

ルール 14 〈be going to と will〉
be going to はほぼ確実に起きること、will は予想を表す。

解説　まずは解説をしっかり読もう！

　未来を予想するとき、will は「～するだろう」という意味でしたが、よく似た意味で be going to ～（～しようとする）という言い方もあります。going は～ing 形なので、be と共に文を作ります。

　go（行く）→ going（行きつつある）→ going to ～（～することに行きつつある → ～しようとしている）というわけです。

　では、be going to と will を比べてみましょう。

He is going to sing songs at the party.
（彼はパーティーで歌を歌うことになっている）
He will sing songs at the party.
（彼はパーティーで歌を歌うのだろう）

　カギは、動詞と助動詞の違いにあります。
　be 動詞 is は「事実」の文ですから、上の文は彼が歌うことがパーティーのプログラムに予定されているようなときです。

一方、下の助動詞 will の文は「頭の中での予想」です。たとえば、彼が歌の練習をしているのを見たので「パーティーで歌を歌うのだろう」と予想しているのです。

その違いを踏まえて、次の2つの場面も考えてみましょう。

There are dark clouds over there. It is going to rain soon.
(向こうに暗い雲がある。まもなく雨が降りそうだ)
It is fine now, but my father says it will rain later.
(今は晴れているけれど、父はあとで雨が降るだろうと言っている)

be going to 〜はほぼ確実に起きること、will は「〜だろう」という予想なのです。

例題

次の日本語を英文にしましょう。(　　) 内に単語を入れてください。

1 彼女はそのコンサートで歌う予定だ。

She (　) (　) (　) sing in the concert.

2 彼女は有名な歌手になるだろう。

She (　) be a famous singer.

答

1 She is going to sing in the concert.

2 She will be a famous singer.

第1章 英語の文は3種類

練習 実践!!

次の日本語を（　）内の単語を使って英文にしましょう。

1 母と私は京都を訪れる予定です。

(Kyoto, mother, I, are, to, my, visit, going, and)

2 父はこの車を買うつもりです。

(my, car, father, buy, this, is, to, going)

3 タカシは君にあの本をくれるつもりだよ。

(going, give, to, you, is, Takashi, book, that)

答 確認!!

1 My mother and I are going to visit Kyoto.
2 My father is going to buy this car.
3 Takashi is going to give you that book.

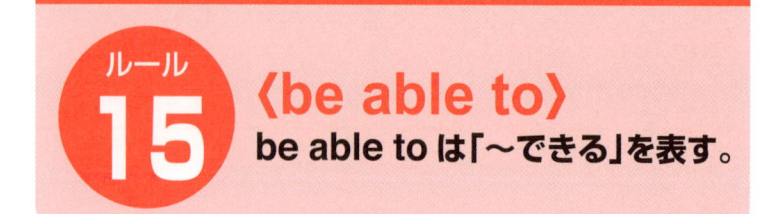

ルール15 〈be able to〉
be able to は「〜できる」を表す。

解説 まずは解説をしっかり読もう！

1 be able to 〜　「〜できる」

able to 〜は「〜できる」という意味で、can 〜のそっくりさんです。be 動詞と一緒に文を作ります。否定のときは「be 動詞 + not able to 〜」になります。

I am not able to understand the story. 〔否定〕
（私はその物語を理解できない）

He ran, and was able to catch the bus. 〔過去〕
（彼は走った、そしてそのバスに乗ることができた）

第1章 英語の文は3種類

例題

次の英文を日本語にしましょう。

I wasn't able to say 'No' to my manager.

＊ wasn't ＝ was not

答

私はマネージャーに「いや」と言えなかった。

練習 実践!!

次の日本語を（ ）内の単語を使って英文にしましょう。

1 私たちはあなたをお手伝いできますよ。

（you, we, able, help, to, are）

2 彼はこの曲をうまく歌えなかった。

（song, he, well, not, to, able, was, sing, this）

答 確認!!

1 We are able to help you.
2 He was not able to sing this song well.

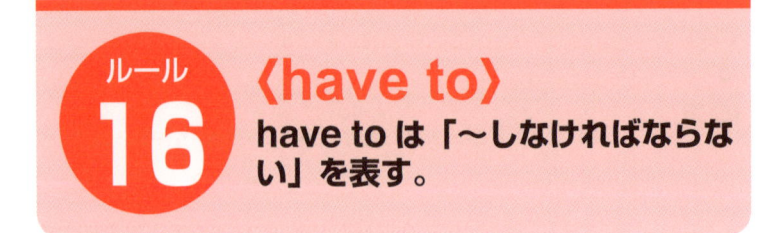

ルール16 〈have to〉
have to は「〜しなければならない」を表す。

解説 まずは解説をしっかり読もう！

1 have to 〜 「〜しなければならない」

have to 〜は「〜しなければならない、〜せざるを得ない」という意味で、「事実」（〜せざるを得ない状況）を表します。

I don't have a bicycle. I have to walk to the station.
（僕は自転車を持っていない。駅まで歩かなければ）

I have to buy it myself because my parents are busy.
（両親は忙しいので、僕は自分でそれを買わなければならない）

＊ has to 〜と had to 〜

have to の have は一般動詞ですから、現在形で主語が3人称単数のときは has to になり、過去のときは had to になります。

She has to wash dishes. 〔3人称単数、現在形〕
(彼女は皿を洗わなければならない)

I had to buy a ticket to enter the station. 〔過去〕
(私は駅に入るために切符を買わなければならなかった)

2 don't have to ～ 「～する必要はない」

　have to の否定は、don't have to ～です。「～しなければならない」の否定なので「～する必要はない」です。主語が3人称単数のときは doesn't have to ～です。
(注：must not ～ 「～してはいけない」)

He is very rich.　He doesn't have to work.
(彼は金持ちだ。彼は働く必要はない)

例題　次の英文を日本語にしましょう。
I have to sing English songs.

答　私は英語の歌を歌わなければならない。

練習 実践!!

次の日本語を（　）内の単語を使って英文にしましょう。

1 私は7時までに宿題を終わらせなければいけない。

(my, I, by, to, finish, seven, have, homework)

2 私は7時まで家にいなければならない。

(home, to, seven, stay, I, have, till)

3 彼は10時までに銀行に行かなければならなかった。

(he, to, ten, bank, the, to, go, had, by)

答 確認!!

1 I have to finish my homework by seven.

　＊ by ～　「～までに」

2 I have to stay home till seven.

　＊ till ～　「～まで（ずっと）」

3 He had to go to the bank by ten.

第2章

英語のいろいろな規則

ABCDEFGHIJKLMNOPQRSTUVWXYZ

ルール17 〈人称代名詞の変化〉
主語 I, he, she, we, they は、目的語になるとそれぞれ me, him, her, us, them に変わる。

解説 まずは解説をしっかり読もう！

I（私）、he（彼）、she（彼女）、we（私たち）、they（彼ら）は、主語のときと目的語になるときとで形が変わります。目的語（話題語）の場合はそれぞれ me, him, her, us, them に変わります。

次の文は、語順が間違っていますが、意味はわかると思います。

× **Her we like very much.**

正しくは次のようになります。we は「私たち**は**」、her は「彼女**を**」です。

○ **We like her very much.**
（私たちは彼女をとても好きです）

×印の「間違った文」は、実は1000年ほど前は正しい文でした。当時、語順は自由で、名詞など様々な語を変化させて主語などの役割を示していました。その後、ある事件が原因で語形変化の数が減っていき、「主語、動詞、目的語など」と語順を固定するこ

第 2 章　英語のいろいろな規則

とで文を組み立てるようになったのです。I などの変化形はその時代からの生き残りなのです。

例題

次の日本語を英文にしましょう。(　)内に単語を入れてください。

1 私は新米の歌手だ。

(　) am a new singer.

2 みんな私のことを知っているのかな？

Do they know (　) ?

答

1 I am a new singer.

2 Do they know me?

練習 1 実践!!

数年ぶりになつかしい小学校に行って、当時の友だちや先生たちと再会できました。その場面を思いうかべながら、(　　) 内の語を変化させて、英文を完成しましょう。

1 I was a student of this school.
　Do you remember (I)?

2 He was a student of this school.
　Do you remember (he)?

3 She was a student of this school.
　Do you remember (she)?

4 We were students of this school.
　Do you remember (we)?

5 They were students of this school.
　Do you remember (they)?

答 確認!!

1 me　**2** him　**3** her　**4** us　**5** them

解説

1の英文は「私はこの学校の生徒でした。あなたは私を (me) 覚えていますか？」です。2～5も同様で、それぞれ「彼を (him)」「彼女を (her)」「私たちを (us)」「彼らを (them)」になります。

第 2 章　英語のいろいろな規則

練習 2　実践!!

（　）内の語を使って、正しい英文を完成させましょう。

1 (her, he)

often comes to see.

2 (she, me)

sent a letter to yesterday.

3 (I, the prime minister)

saw at the station.

＊ the prime minister 「総理大臣」

答　確認!!

1 **He often comes to see her.**

＊ to ～は「～するために」

2 **She sent a letter to me yesterday.**

＊ to は前置詞で「～へ」の意味。前置詞 to のあとは me になります。

3 **I saw the prime minister at the station.**

ルール18 〈一般動詞に s がつく〉
主語が 3 人称・単数形で現在形のときは、動詞に s(または es)がつく。

解説　まずは解説をしっかり読もう!

　主語が 3 人称・単数形(he, she, it にあたる人や物)で現在形のときは、動詞に s(または es)がつきます(ルール 22 を参照)。略して「3 単現」と呼ばれます。

We have a cat. (私たちはネコを飼っている)
It likes to sleep on the sofa.
(それ〔ネコ〕はソファーで寝るのが好きです)

　「主語が 3 人称・単数形(he, she, it)で現在形のとき、動詞に s(または es)がつく」、逆に言えば「動詞に s(または es)があれば、主語は 3 人称・単数形」ということになります。

第2章 英語のいろいろな規則

例題

次の日本語を英文にしましょう。（　）内に単語を入れてください。
「彼女は歌い、踊り、そしてピアノも弾くんだ。」
She (　　　), (　　　), and (　　　) the piano.

答

She sings, dances, and plays the piano.

練習 実践!!

次の単語を並べ替えて、英文を作りましょう。

1 you, loves, she

_____

2 presents, gives, my, me, grandfather

_____

3 our, likes, mountains, teacher, to climb

_____

答 確認!!

それぞれ動詞にsがついているので、主語は「3人称単数」です。

1 She loves you.

（彼女は君を愛している）

2 My grandfather gives me presents.

（祖父は私にプレゼントをくれる）

3 Our teacher likes to climb mountains.

（先生は山に登るのが好きです）

第 2 章　英語のいろいろな規則

ルール 19 〈不規則動詞の変化〉
不規則動詞は、大きく 5 種類に分かれる。

解説 まずは解説をしっかり読もう！

　ここでは動詞のうち「不規則動詞」の過去形を学習します。
　例えば go は「行く」という意味の動詞で、過去形は ed をつけるのではなく、went（行った）という、まったく別の形になります。これを不規則動詞といいます。

Last Sunday I went to the city hall by bus.
（日曜に私はバスで市役所へ行った）

　英語の動詞のうち、どれが不規則動詞で、どのように変化するのか、これは 1 つずつ覚えるしかありません。変化の仕方で分類すると、不規則動詞は大きく 5 種類に分かれます。数が少ない順に紹介します。がんばって覚えましょう。
　また、動詞には「過去形」のほかに「過去分詞形」もあります。まとめて覚えたほうがよいので一緒にあげておきます。それぞれ原形（現在形）、過去形、過去分詞形の順です。

1 A-A-B 型 (現在形と過去形が同じ)

「打つ」　　beat-beat-beaten

2 A-B-A 型 (現在形と過去分詞形が同じ)

まず次の3つを覚えましょう。

「～になる」　become-became-become
「来る」　　　come-came-come
「走る」　　　run-ran-run

3 A-A-A 型 (現在形、過去形、過去分詞形がすべて同じ)

3字の動詞が多いです。

「切る」　　　cut-cut-cut
「打つ」　　　hit-hit-hit
「置く」　　　put-put-put

4 A-B-C 型 (現在形、過去形、過去分詞形がすべて異なる)

「する」　　　do-did-done
「与える」　　give-gave-given
「行く」　　　go-went-gone

5 A-B-B 型 (過去形と過去分詞形が同じ)

「買う」　　　buy-bought-bought
「持つ」　　　have-had-had
「作る」　　　make-made-made

第 2 章 英語のいろいろな規則

例題

次の日本語を英文にしましょう。(　　)内に単語を入れてください。

「私はその曲の歌詞を書いた。」

I (　　　) the words of the song.

答

I wrote the words of the song.

不規則動詞の変化

	<原形(現在形)>	<過去形>	<過去分詞形>
A-A-B 型	beat（たたく）	beat	beaten
A-B-A 型	become（〜になる）	became	become
	come（来る）	came	come
	run（走る）	ran	run
A-A-A 型	cut（切る）	cut	cut
	hit（打つ）	hit	hit
	let（させる）	let	let
	put（置く）	put	put
	shut（閉める）	shut	shut
A-B-C 型	begin（始める）	began	begun
	break（壊す）	broke	broken
	do（する）	did	done
	drink（飲む）	drank	drunk
	drive（運転する）	drove	driven
	eat（食べる）	ate	eaten
	fall（落ちる）	fell	fallen
	fly（飛ぶ）	flew	flown
	get（得る）	got	gotten / got
	give（与える）	gave	given

第 2 章　英語のいろいろな規則

	go（行く）	went	gone
	know（知っている）	knew	known
	lie（横になる）	lay	lain
	see（見る）	saw	seen
	sing（歌う）	sang	sung
	speak（話す）	spoke	spoken
	swim（泳ぐ）	swam	swum
	take（取る）	took	taken
	write（書く）	wrote	written
A-B-B 型	bring（持ってくる）	brought	brought
	build（建てる）	built	built
	buy（買う）	bought	bought
	catch（捕まえる）	caught	caught
	feel（感じる）	felt	felt
	find（見つける）	found	found
	have（持っている）	had	had
	hear（聞こえる）	heard	heard
	hold（握る）	held	held
	keep（保つ）	kept	kept
	leave（去る）	left	left
	lose（失う）	lost	lost
	make（作る）	made	made
	meet（会う）	met	met
	pay（払う）	paid	paid

read (読む)	read	read
sell (売る)	sold	sold
send (送る)	sent	sent
sit (すわる)	sat	sat
sleep (寝る)	slept	slept
spend (費やす)	spent	spent
stand (立つ)	stood	stood
teach (教える)	taught	taught
tell (告げる)	told	told
think (考える)	thought	thought
win (勝つ)	won	won

第2章 英語のいろいろな規則

●文には動詞は1つ

ここで、少し違う視点から英語を見てみましょう。

私は、英語の文の説明をするとき、主語を□、動詞（be動詞、一般動詞）を→、話題語を○のマークを使っています。（本書でもこれらのマークを使って説明している箇所があります。）　話題語とは、学校で習う英語の目的語や補語などにあたるとイメージしてください。

英語の文は、基本的に「主語、動詞、話題語」、この形でできています。

　I　am　a singer.　　　I　sing　songs.
　□　→　　○　　　　　□　→　　○

（私は歌手です。私は歌を歌う。）

このように英語では、主語（□）、動詞（→）、話題語（○）の順に語を並べます。語順が比較的自由である日本語との大きな違いです。

次に重要なことは「文には動詞は1つ」です。どんなに長い文でも、その中に動詞は1語なのです。□、→、○と組み合わせれば、文の意味がうっすらとわかってきます。

In the newspaper, I found a photograph of our teacher.
　　　　　　　　　□　→　　　　○

（新聞で私たちの先生の写真を見つけた）

●英語の文は3種類

「文には動詞は1つ」は、疑問文・否定文を作るときにも威力を発揮します。動詞はbe動詞と一般動詞の2種類ですね。これに「文には動詞は1つ」を併せて考えると、「文は、be動詞の文か一般動詞の文のどちらか」なのです。

ただし、「助動詞は動詞に優先する」ので、疑問文・否定文のときも助動詞が優先です。結論：「疑問文・否定文は be 動詞、一般動詞、助動詞の 3 種類」です！

● 1000 年前の文と、今の文

Them he sees every day.

これは大昔の英文です。they が them に変化して話題語、he は変化なしで主語、see に -s がついて、この文の主語は he だと示しています。昔の英語はこんな感じです。文の中の様々な語が変化して、主語などの役割を示していました。したがって語順も自由。でも無数の語形変化を覚えるのはとてつもなく大変だったでしょう。

She played tennis in the park.

これは今の時代に使われている英文です。語形変化するのは「play → played」だけです。□→○の語順によって、主語などが決まります。語順さえ守れば OK なのです。面倒な語形変化は劇的に減っています。

何が起きたの？

約 1000 年前、イギリスはフランスの領土になりました。フランスの言葉がどっと入ってきました。外国語ですから語形変化のしようもありません。その影響で英語の語形変化は次第に廃れていきました。そしてやむなく語順で文を組み立てるようになっていったのです。

残った言葉たち

英語の語形変化の多くが姿を消していきました。そんな中、かろうじて生き残ったのはいつも口にする日常語でした。I –me などの代名詞です。動詞の不規則変化も同じ理由で残りました。be、go、come、have などの身近な動詞が不規則変化をするのはそのためです。

語順を守って、動詞に -ed をつければ済むものを、これらの語形変化や不規則変化はいちいち覚えなければなりません。面倒と思うかもしれません。

　でも日常語でよく使われるということは、それだけ大事であるということです。そしておそらくイギリス人にとってはどこか懐かしさを覚える大切な言葉たちなのだろう、私はそう思うのです。

困ったことに…

　フランスの支配は数百年、続きました。政治も法律もフランス語、教会で神父さんの説教もフランス語ということもありました。この苦難の中でイギリスの人たちは英語に対する誇りを失ってしまったようなのです。これが困った事態を引き起こすことになります。

　まず、綴り字です。15世紀頃には本が多数出版されるようになりました。当時、綴り字は正式に決まっておらず、ベストセラーの本で使っている綴り字が広まり、なんとなく決まっていったのです。政府が綴り字を整備する、これが本来なのですが、イギリスでは誰もしませんでした。結局、なんとなく決まってしまいました。

　その結果、何が困るのか、過去形に -ed をつけたらどうなるのか、そこまで考えていなかったのです。たとえば like に ed をつけると likeed。でも ee は［イー］と伸ばす音になるのでまずい。では e を1つにして liked にしよう…、本書の「ルール22、23」などで出てくる例外の数々はこれらの結果なのです。

　すべての原因はイギリスのあの失意の日々―「どうせ征服されたオレたちの言葉さ、綴り字なんてどうでもいいさ」―今や「世界共通語」と呼ばれる英語ですが、そんな時代もあったのです。

　ちょっとでも英語に同情の余地ありと思ったら、皆さんもあの例外たちをがんばって覚えてあげてください。

ルール20 〈数えられる名詞〉
数えられる名詞の複数形は、①規則変化（s または es がつく）、または②不規則変化をする。

解説 まずは解説をしっかり読もう！

英語の名詞には「**数えられる名詞**」と「**数えられない名詞**」があります。

数えられる名詞（物、人、生物など）は、単数形（1つ）か複数形（2つ以上）か、どちらかになります。

1 「数えられる名詞」の単数形

形は変わりませんが、a（1つの）、the（その）、my（私の）などが前につきます。

a cat	（1匹のネコ）	**this song**	（この歌）
an apple	（1つのリンゴ）	**my house**	（私の家）

＊ apple のように最初の文字が母音（ア、イ、ウ、エ、オ）のときは、発音しやすいように a → an にします。

2 「数えられる名詞」の複数形

名詞が単数形→複数形になるとき、**規則変化**をするものと**不規則変化**をするものがあります。

第 2 章　英語のいろいろな規則

① 規則変化をするもの

名詞の単数形に s（または es）がつきます。（ルール 22 を参照）

「学生」 student → students
「本」 book → books
「箱」 box → boxes

② 不規則変化をするもの

いろいろな変化をするので、それぞれしっかり覚えましょう。

「男性」 man → men
「足」 foot → feet
「歯」 tooth → teeth
「子供」 child → children
「ねずみ」 mouse → mice

例題

次の日本語を英文にしましょう。（　）内に単語を入れてください。

「私は自分の曲が大好きだ。」

(　) (　) (　) (　).

答

I love my songs.

解説

ここでは「曲」は何曲もあるので、複数形の songs です。

練習 実践!!

次の（　）内の語をそれぞれ単数形か複数形にして、正しい文にしましょう。

I am a (guitarist). (This) are my (guitar). I play with my band, and sing songs, too. I wrote lots of (song). Some of my (song) are very popular. A lot of (child) like them. They sing my songs even when they are brushing their (tooth)!

答 確認!!

guitarist, These, guitars, songs, songs, children, teeth

訳

ぼくはギタリストだ。これらはぼくのギターだ。ぼくはバンドでプレイして、歌も歌う。曲をたくさん書いた。ぼくの曲のいくつかはとても有名だ。多くの子供たちがそれら（曲）を気に入ってくれている。彼らはぼくの曲を、歯をみがいているときにも歌っているんだって！

第2章 英語のいろいろな規則

ルール21 〈数えられない名詞〉
数えられない名詞には、a や an、複数の -s はつかない。量の多少は much や a little などで表す。

解説 まずは解説をしっかり読もう！

「ルール20」で「数えられる名詞」を学びました。ここでは「数えられない名詞」を学習します。

air（空気）や water（水）を1つ、2つ…と数えるのは無理ですね。そのほか sugar（砂糖）や salt（塩）なども、意外ですが数えられないのです。砂糖や塩はスプーンなどを使って入れ物から取り出します。「砂糖1つ」「塩2つ」と数えようとしても無理がありますね。

これらは「大きなかたまり」としてあって、そこから少しずつ取って使います。量も形も決まっていないし、どこをどれだけ取っても砂糖や塩に変わりはありません。このようなものは数えられないのです。

＜数えられない名詞の例＞〔物質・材料・食料など〕
air（空気）、water（水）、paper（紙）、wood（木材）
sugar（砂糖）、salt（塩）、bread（食パン）、meat（肉）

1「数えられない名詞」には、a, an（1つの）や複数の -s はつかない。

We need air and water.（我々は空気と水が必要だ）

2「数えられない名詞」の量の「多少」は much や a little などで表す。

　量が「多い」「少ない」を表すときは much（多量の）や a little（少量の）などを使います。many（多数の）や few（少数の）は使えないので注意しましょう。

There is a little water in the pot.
（ポットの中に少し水がある）

例題

次の日本語を英文にしましょう。
「私は音楽を愛する。」
_____.

答

I love music.

解説

　a song の場合、1曲で「1つのもの」なので数えられますが、music は「（様々な曲をまとめた）音楽というもの」なので数えられません。したがって a や -s はつきません。

練習 実践!!

次のものを「数えられるもの」と「数えられないもの」に分けてみましょう。

「米」「茶碗」「ジュース」「みそ」「コップ」
「部屋」「本」「服」「布」「鉛筆」「しょう油」
「幸せ」「余裕」「コンピュータ」

1 数えられるもの
(   )
2 数えられないもの
(   )

答 確認!!

1 数えられるもの
(茶碗、コップ、部屋、本、服、鉛筆、コンピュータ)
2 数えられないもの
(米、ジュース、みそ、しょう油、布、幸せ、余裕)

ルール22 〈名詞の複数形の作り方〉
① s（または es）をつける、
② y を i に変えて es をつける、
③ f を v に変えて s をつける。

解説　まずは解説をしっかり読もう！

名詞を複数形にするとき、基本的には s をつけます。つけ方の例外もあるので注意しましょう。

1 s（または es）をつける。

「本」	book	→ books
「犬」	dog	→ dogs
「学校」	school	→ schools
「先生」	teacher	→ teachers
「りんご」	apple	→ apples
「箱」	box	→ boxes
「教会」	church	→ churches

2 「子音字＋y」で終わる語

y を i に変えて es をつけます。

| 「市」 | city | → cities |
| 「赤ん坊」 | baby | → babies |

第2章 英語のいろいろな規則

3 -f や -fe で終わる語に注意

f を v に変えて s をつけます。

| 「妻」 | wife | → wives |
| 「生活」 | life | → lives |

s のつけ方は、前に学んだ動詞の 3 単現の s（または es）のつけ方と同じですね。

「遊ぶ」	play	→ plays
「みがく」	brush	→ brushes
「渡す」	pass	→ passes
「勉強する」	study	→ studies

※ pass のように最後が -s で終わる語のときは -es になります。
（発音は [-iz]） s のままでは発音できないためです。

91

例題

次の英文の（　）内を、have を正しい形にして文を作りましょう。

She (　　) a new band.

答

She has a new band.

解説

主語の she（彼女）は 3 人称単数で現在形なので、have は特別な変化で has となります。

（彼女は新しいバンドを持っている＝新しいバンドでやっている）

練習　実践!!

次の名詞を複数形に、そして動詞を 3 人称単数の現在形にしましょう。

1 名詞

cat	(　　)	country	(　　)
school	(　　)	leaf	(　　)
bus	(　　)	baby	(　　)
box	(　　)	life	(　　)

第2章 英語のいろいろな規則

> **2 動詞**
>
> | play | (|) | need | (|) |
> | go | (|) | wash | (|) |
> | cry | (|) | watch | (|) |
> | stop | (|) | live | (|) |

答　確認!!

1 名詞

cats, countries, schools, leaves, buses, babies, boxes, lives

2 動詞

plays, needs, goes, washes, cries, watches, stops, lives

ルール23 〈動詞の過去形、ing形の作り方〉
動詞の過去形にはed、進行形にはingをつけるが、例外もある。

解説 まずは解説をしっかり読もう！

動詞は、wait → wait**ed**（過去形）、wait**ing**（ing形）のように変化します。そのままed、ingをつけるのが基本です。例外もありますのでまとめておきます。

1 動詞の最後が-eのとき

＜過去形＞　eをとってedをつける。

like **→ liked**　　**hop**e **→ hoped**

＜ing形＞　eをとってingをつける。

like **→ liking**　　**hop**e **→ hoping**

※例外（eeのとき）　see → seeing

2 最後が「子音字＋y」のとき

＜過去形＞　yをiにかえて、edをつける。

try **→ tried**　　**stud**y **→ studied**

＜ing形＞　そのままingをつける。

try → trying　　**study → studying**

第2章 英語のいろいろな規則

3 最後が「母音1文字＋子音1文字」のとき

子音文字を重ねてから、ed や ing をつける。

＜過去形＞　**drop → drop**ped

＜ing 形＞　**drop → drop**ping

　ただし、visit のように前半にアクセントがある場合は子音文字を重ねない。そのまま ed や ing をつける。

＜過去形＞　**visit → visit**ed

＜ing 形＞　**visit → visit**ing

例題

次の日本語を英文にしましょう。（ ）内に単語を入れてください。

「新しい CD で、そのバンドは全曲を彼女と演奏した。」

In the new CD, the band (　　　) all the songs with her.

答

In the new CD, the band played all the songs with her.

解説

play（演奏する）を過去形にするときは、そのまま ed をつけます。

第 2 章　英語のいろいろな規則

練習　実践!!

次の動詞をそれぞれ過去形、ing 形にしましょう。
1. play　（　　　／　　　）
2. want　（　　　／　　　）
3. live　（　　　／　　　）
4. love　（　　　／　　　）
5. stop　（　　　／　　　）
6. cry　（　　　／　　　）

答　確認!!

1. 過去形 **played**、　ing 形 **playing**
2. 過去形 **wanted**、　ing 形 **wanting**
3. 過去形 **lived**、　ing 形 **living**
4. 過去形 **loved**、　ing 形 **loving**
5. 過去形 **stopped**、　ing 形 **stopping**
6. 過去形 **cried**、　ing 形 **crying**

ルール24 〈冠詞 a と the の使い方〉

a は「ある1つの〜」、the は「ある特定の〜」を表す。

解説 まずは解説をしっかり読もう！

1 a と the の使い方の違い

the は「その」という意味ですが、a と比べると使い方の違いがよくわかります。

1　You can buy post cards at a post office.
（はがきは郵便局で買えます）

2　Please take this letter to the post office.
（この手紙を（いつもの）郵便局へ持って行って）

a は「1つの」という意味ですが、正確には「どれでもいいから、ある1つの」という意味です。1の英文では「どの郵便局でもはがきを買えるよ」と言っているわけです。

一方、the は「ある特定のもの」を具体的に思い浮かべています。「例の〜」「ほら、あの〜」という感じです。2の英文では「いつもよく行くあの郵便局」のことを言っているのです。

もう1つ、例をあげましょう。

第2章 英語のいろいろな規則

Please tell me the way to the station.
（駅へ行く道を教えてください）

　a station としてしまうと「どれでもいいから駅」ということになり、遠い東京駅や大阪駅でもよいことになってしまいます。この場面では「この近くの駅」を言いたいので the station です。

2 the の使い方

　典型的な the の使い方を紹介します。

I have a cat and two dogs.
（私はネコ1匹と犬2匹を飼っている）
The cat is old and big.　　　（ネコは年寄りで大きい）
The dogs are young and small.（犬は子供で小さい）

　まず「a cat（ネコ1匹）と two dogs（犬2匹）を飼っているよ」と紹介して、「the cat（その飼っているネコ）は～」「the dogs（その飼っている犬）は～」と話を続けています。これをうっかり I have the cat ～で始めてしまうと、聞き手は「例のネコって、どのネコ？」と思ってしまいます。

　このように、話し手は the を使って「例のあの話だよ」と相手に注意させ、聞き手は「ああ、あれか」と納得しつつ、会話が続いていくのです。

例題

次の英文の（　）内は、a または the のどちらがよいでしょうか。

In (　　) new CD, her band sounds great.

（新しい CD で、彼女のバンドはすばらしい）

答

the

解説

「新しい CD」という、特定の 1 枚の CD を指しているので the になります。sound は動詞で「〜な音がする」という意味です。

第 2 章　英語のいろいろな規則

練習　実践!!

次の英文の（　）内に a か the を入れましょう。

I saw (　1　) traffic accident. (　2　) car hit (　3　) tree. (　4　) car was damaged badly. (　5　) driver wasn't hurt, but (　6　) woman in (　7　) back seat got injured.

答　確認!!

1 a　　**2** A　　**3** a　　**4** The　　**5** The
6 a　　**7** the

解説

訳：私は交通事故を見た。車が木にぶつかった。その車はひどく壊れていた。その運転手はケガをしていなかったが、後部座席の女性はケガをした。

6については、後部座席に女性が1人しか乗っていなかったら the woman になるでしょう。

ルール25 〈名詞を修飾する語句の位置〉
数語のまとまりで、ある単語を説明するときは、その単語のうしろにおく。

解説 まずは解説をしっかり読もう！

「駅の前」は in front of the station ですが、「駅の前の本屋」はどう言ったらよいでしょうか。

× **the in front of the station bookstore**

ではなく、次のようになります。

○ **the bookstore in front of the station**

in front of ～のように数語のまとまりで、ある単語（ここでは bookstore）を説明する（修飾する）ときは、前ではなく、うしろにおきます。

a restaurant near the college
（大学の近くのレストラン）
some birds on the tree
（木の上の鳥）

第 2 章　英語のいろいろな規則

1 主語を説明する（修飾する）とき

The bookstore in front of the station has a lot of books and magazines.

（駅の前の本屋にはたくさんの本や雑誌がある）

2 目的語を説明する（修飾する）とき

We went to a restaurant near the college.

（私たちは大学の近くのレストランに行った）

The old man watched some birds on the tree.

（その老人は木の上の鳥を見つめていた）

例題

次の日本語を（　）内の単語を並べかえて英語にしましょう。

「丘の上のコンサートホール」

(the, the, hall, on, hill, concert)

答

the concert hall on the hill

解説

on the hill（丘の上の）が the concert hall（コンサートホール）の説明をしています。

練習 1　実践!!

次の日本語を英語にしましょう。（　）内に単語を入れてください。

1 机の上のノート
a (　　　　) (　　　　　) the (　　　　　)

2 部屋の中の机
a (　　　　) (　　　　　) (　　　　)
(　　　　)

3 いすの下のネコ
(　　　　) (　　　　　) (　　　　)
(　　　　) (　　　　)

4 ケースの中のギター
(　　　　) (　　　　　) (　　　　)
(　　　　) (　　　　)

答　確認!!

1 a notebook on the desk
2 a desk in the room
3 a cat under the chair
4 a guitar in the case

第 2 章　英語のいろいろな規則

練習 2　実践!!

次の日本語を（　）内の単語を使って英文にしましょう。

1 壁にあるその絵は美しい。

（picture, beautiful, the, the, is, wall, on）

2 彼は青い屋根の家に住んでいる。

（in, with, a, a, he, roof, lives, house, blue）

3 その少年は私のポケットのペンをほしがった。

（pocket, a, my, boy, pen, wanted, the, in）

答　確認!!

1 The picture on the wall is beautiful.

2 He lives in a house with a blue roof.

　＊ with ～「～をもった」

3 The boy wanted a pen in my pocket.

第 3 章

動詞が変化すると

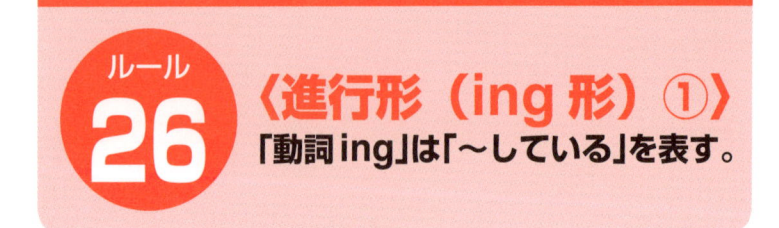

ルール26 〈進行形（ing形）①〉
「動詞ing」は「〜している」を表す。

解説 まずは解説をしっかり読もう！

動詞に -ing をつけると「〜している」という意味になります。（ing のつけ方は「ルール23」を参照）これを「ing形」と呼ぶことにします。2通りの使い方がありますが、ここではその1つめを学びます。（2つめは「ルール27」で説明します。）

1 「〜している」の文〔現在進行形〕
be動詞（am, are, is）＋動詞ing

The baby is sleeping.
（その赤ん坊は眠っている）

My brother is watching TV.
（弟はテレビを観ている）

第3章 動詞が変化すると

2 「〜していた」の文〔過去進行形〕
be 動詞（was, were）＋動詞 ing

The cats were sitting on the chair.
（ネコたちはいすの上に座っていた）

「〜していた」と過去を表すときは、be 動詞は was または were を使います。

例題 次の英文を日本語にしましょう。
Thousands of people are coming here.

答 何千人もの人たちがここに向かっている。

解説
・thousands は「千がいくつもある」→「何千もの」という意味です。
・are coming here は「ここに来ている」という訳ではちょっと不正確です。今こちらに向かって来つつあるのですから、「ここに向かっている」がよいでしょう。

練習1 実践!!

次の日本語を（　）内の単語を使って英文にしましょう。

1 お母さんは台所で料理をしている。
 (my mother, in, cooking, kitchen, the, is)

2 そのとき母は私の部屋を掃除していた。
 (my, my, cleaning, then, mother, room, was)

3 うちのネコは今私を見ている。
 (me, cat, is, now, watching, my)

4 次郎は宿題をしていますか？
 (Jiro, doing, homework, is, his)？

5 トモ子は何を読んでいるの？
 (Tomoko, reading、what, is)？

6 彼らは何を見ていたのですか？
 (they, what, were, at, looking)？

答 確認!!

1 My mother is cooking in the kitchen.
2 My mother was cleaning my room then.
3 My cat is watching me now.
4 Is Jiro doing his homework?
5 What is Tomoko reading?
6 What were they looking at?

第3章 動詞が変化すると

練習2 実践!!

次の日本語を英文にしましょう。（ ）内に単語を入れてください。

1 太郎は公園で走っている。
(　　　　) (　　　　) (　　　　)
(　　　　) **the park.**

2 ハナコは本を読んでいる。
(　　　　) (　　　　) (　　　　) **a** (　　　　).

答 確認!!

1 Taro is running in the park.
2 Hanako is reading a book.

111

ルール27 〈進行形（ing形）②〉
「動詞ing + …」は人や物を説明する。

解説 まずは解説をしっかり読もう！

「動詞ing + …」は、まとまりを作り、人や物をうしろから説明します。

the boy watching TV　　　（テレビを観ている少年）
the cats sitting on the chair（いすの上に座っているネコたち）

これらを使って、文を作りましょう。

1 主語を説明する（修飾する）とき

次の文は、watching TV が主語 the boy を説明しています。

The boy watching TV　is my brother.
　□　（　説明　）　→　〇　　　　（p81 参照）
（テレビを観ている少年は私の弟だ）

2 目的語を説明する（修飾する）とき

次の文は、sitting on the chair が目的語 the cats を説明しています。

Look at the cats sitting on the chair.
(いすの上に座っているネコたちを見てごらん)

3 数語のまとまりではなく、1 語だけのとき

「動詞 ing」の 1 語だけのときは、単語の前におきます。

a crying baby 　（泣いている赤ん坊）
flying birds 　　（飛んでいる鳥）

We saw lots of flying birds.
(私たちはたくさんの飛んでいる鳥を見た)

例題

次の日本語を英語にしましょう。(　) 内に単語を入れてください。

1 野球をしているその少年たち
the (　　) (　　) (　　)

2 コンピュータを使っている女の子
a (　　) (　　) a computer

3 「ステージで演奏しているバンドはノーザンオールスターズだ。」
The (　　) (　　) (　　) (　　) stage (　　) the Northern All Stars.

答

1 the boys playing baseball

2 a girl using a computer

3 The band playing on the stage is the Northern All Stars.

第3章 動詞が変化すると

練習 実践!!

次の日本語を（ ）内の単語を使って英文にしましょう。

1 本を読んでいる女の子は私の妹です。
(a, the, book, girl, reading, sister, my, is)

2 ピアノを弾いている男性は私たちの先生です。
(teacher, piano, is, the, playing, man, our, the)

3 その歌を歌っている少年は誰？
(is, the, song, who, singing, boy, the)？

4 その車を運転している男を見ろ。
(car, at, man, the, look, driving, the)

5 ステージで歌っている子供たちはこのクラスの生徒です。
(this class, children, on, singing songs, are, of, the stage, the students, the)

答 確認!!

1 The girl reading a book is my sister.
2 The man playing the piano is our teacher.
3 Who is the boy singing the song?
4 Look at the man driving the car.
5 The children singing songs on the stage are the students of this class.

ルール28 〈受動態①〉
「be 動詞＋過去分詞形＋ by …」は「…によって〜される」を表す。

解説　まずは解説をしっかり読もう！

動詞のもう1つの変化形に過去分詞形があります。受動態では「〜される」という意味です。

規則動詞の場合は、形は基本的に過去形と同じ -ed になります。不規則動詞の場合は、独自の形になります。

be 動詞とこの過去分詞形を使って「〜される」という受動態の文を作ることができます。

1 規則動詞

たとえば close（閉める）の過去形は closed で、過去分詞形も同じ closed です。

This gate is closed in the night.

（この門は夜には閉められている）

第3章　動詞が変化すると

2 不規則動詞

1　speak（話す）の過去形は spoke で、過去分詞形は spoken です。

English is spoken in a lot of countries.

（英語は多くの国で話されている）

2　break（壊す、割る）の過去形は broke で、過去分詞形は broken です。

The window was broken by Taro.

（窓は太郎によって割られた）

3　write（書く）の過去形は wrote で、過去分詞形は written です。

This book was written by a famous statesman.

（この本は有名な政治家によって書かれた）

例題

次の日本語を英文にしましょう。(　)内に単語を入れてください。

「彼らの曲は多くの人々に愛されている。」

(　　)(　　)(　　)(　　)(　　)
(　　)(　　)(　　)(　　).

答

Their songs are loved by a lot of people.

解説

* 「多くの人々」 a lot of people

練習 実践!!

次の日本語を(　)内の単語を使って英文にしましょう。

1 その車は警察によって発見された。

(the police, the, by, was, car, found)

2 そのカバンは彼によって運ばれた。

(bag, by, was, carried, the, him)

3 これらの写真は彼女によって撮られた。

(pictures, her, were, these, taken, by)

第3章 動詞が変化すると

4 あの木は昨日切られた。
(tree, yesterday, was, that, cut)

5 この車はここで洗われる。
(here, this, is, washed, car)

6 日本語は日本で話されている。
(Japan, in, Japanese, is, spoken)

7 これらのペンはこの工場で作られた。
(in, factory, were, pens, made, this, these)

答 確認!!

1 The car was found by the police.

2 The bag was carried by him.

3 These pictures were taken by her.

4 That tree was cut yesterday.

5 This car is washed here.

6 Japanese is spoken in Japan.

7 These pens were made in this factory.

ルール29 〈受動態②〉

「主語A＋一般動詞＋目的語B〜」は、「主語B＋be動詞＋過去分詞形＋by A」に書きかえることができる。

解説 まずは解説をしっかり読もう！

日本語では「〜される」は、なにか被害を受けたときに使います。（例　壊される、盗まれるなど）　英語では被害があるかどうかは関係なく、ある動作を受けるときに「be動詞＋過去分詞形」を使って表現します。

次の２つの文を比べてみましょう。

Taro wrote the letter.
（太郎は手紙を書いた）

→ **The letter was written by Taro.**
（手紙は太郎によって書かれた）

２つめの文では立場が入れ代わって、手紙は「書かれた」ことがわかります。そして、その動作をした人や物を、by 〜（〜によって）で示します。ここではby Taro（太郎によって）ですね。

第3章　動詞が変化すると

Columbus discovered America.

(コロンブスはアメリカを発見した)

→　**America was discovered by Columbus.**

(アメリカはコロンブスによって発見された)

このように書きかえるときの重要ポイントです。

① 　一般動詞の文 ⇔ be 動詞の文
② 　動詞は、規則変化か不規則変化か。
③ 　by のあとは、代名詞の場合は me などの形にしているか。

例題

　　次の英文を「～される」の意味の英文に書きかえましょう。
Mr. Kuwada plays the brown guitar.
→ 　(　　) (　　) (　　) (　　)
(　　) (　　) (　　) (　　).

答

The brown guitar is played by Mr. Kuwada.

解説

「久和田さんはその茶色のギターを弾く。」
→「その茶色のギターは久和田さんに弾かれる。」

練習 実践!!

次の英文（能動態）を、それぞれ受動態の英文に書きかえましょう。

1 My sister uses this computer.
→ This computer (　　　) (　　　) (　　　) (　　　) (　　　).

2 I don't use this bag.
→ This (　　　) (　　　) not (　　　) (　　　) (　　　).

3 He opens the gate at seven o'clock.
→ (　　　) (　　　) (　　　) (　　　) (　　　) (　　　) at (　　　) (　　　).

4 The guitarist played this song.
→ This song (　　　) (　　　) (　　　) (　　　) (　　　).

5 She bought some rings.
→ (　　　) (　　　) (　　　) (　　　) (　　　) (　　　).

6 The teacher looked at me.
→ I (　　　) (　　　) (　　　) (　　　) (　　　) (　　　).

第3章　動詞が変化すると

7 Did he send this letter?
→ (　　) (　　) (　　) (　　)
  (　　) (　　)?

8 My mother cut the cake.
→ (　　) (　　) (　　) (　　) by
  (　　) (　　).

9 Taro gave Hanako those flowers.
→ Hanako (　　) (　　) (　　)
  (　　) by (　　).

10 He showed me the pictures.
→ I (　　) (　　) (　　) (　　)
  (　　) (　　).

答 確認!!

1 This computer is used by my sister.

2 This bag is not used by me.

3 The gate is opened by him at seven o'clock.

4 This song was played by the guitarist.

5 Some rings were bought by her.

6 I was looked at by the teacher.

7 Was this letter sent by him?

8 The cake was cut by my mother.

＊My mother cut the cake. の文の cut に s がついていないので、この文は過去形です。

9 Hanako was given those flowers by Taro.

10 I was shown the pictures by him.

ルール30 〈受動態③〉
「主語＋be動詞＋過去分詞形」の文は、by以外の前置詞（withなど）ともくっつく。

解説　まずは解説をしっかり読もう！

「主語＋be動詞＋過去分詞形」の文の後半は、ルール28と29で学んだようにby～（～によって）になる場合が多いのですが、by以外の前置詞がくる場合もあります。

次の「過去分詞形＋前置詞」は「お決まりのペア」として重要表現ですので覚えましょう。

1 「過去分詞形＋with～」

The room is filled with students.

（その部屋は生徒でいっぱいだ）

The hill was covered with snow.

（その丘は雪で覆われていた）

They are pleased with the new house.

（彼らは新しい家に喜んでいる）

125

2 「過去分詞形＋ at / in / to ～」

We were surprised at the news.

(我々はその知らせに驚いた)

She is interested in history.

(彼女は歴史に興味をもっている)

His nickname is known to them.

(彼のあだ名は彼らに知られている)

3 「made of ～」と「made from ～」

The chair is made of wood.

(そのいすは木でできている)

＊材料がそのまま使われているときは、made of ～を使います。

Paper is made from wood.

(紙は木から作られる)

＊原料が加工されて別のものになっているときは、made from ～を使います。

第3章 動詞が変化すると

例題

次の日本語を英文にしましょう。（　）内に単語を入れてください。
「そのホールは若者でいっぱいだ。」
The (　) (　) (　) (　) (　) people.

答

The hall is filled with young people.

解説

過去分詞 filled と with のペアです。

練習 実践!!

次の日本語を（　）内の単語に適切な1語を加えて英文にしましょう。

1 富士山は雪で覆われている。
 (＿＿＿, snow, is, covered, Mt.Fuji)

2 トモコは電車に興味をもっている。
 (＿＿＿, is, Tomoko, in, trains)

3 タケシは彼女のプレゼントに喜んだ。
 (＿＿＿, Takeshi, present, pleased, was, her)

4 僕は彼らの新曲におどろいたよ。
 (＿＿＿, song, was, at, their, I, new)

5 武道館は人々でいっぱいだった。
 (＿＿＿, Budokan, filled, with, people)

6 このバイオリンは彼によって作られた。
 (＿＿＿, him, made, violin, was, this)

7 ギターは木でできている。
 (＿＿＿, wood, are, guitars, made)

8 チーズは牛乳から作られる。
 (＿＿＿, milk, made, is, cheese)

9 みそは何から作られていますか？
 (＿＿＿, is, from, made, miso)？

10 彼女の名は町中の人に知られていた。
 (＿＿＿, name, in, to, town, her, everyone, the, was)

答 確認!!

1. Mt. Fuji is covered <u>with</u> snow.
2. Tomoko is <u>interested</u> in trains.
3. Takeshi was pleased <u>with</u> her present.
4. I was <u>surprised</u> at their new song.
5. Budokan <u>was</u> filled with people.
6. This violin was made <u>by</u> him.
7. Guitars are made <u>of</u> wood.
8. Cheese is made <u>from</u> milk.
9. <u>What</u> is miso made from?
10. Her name was <u>known</u> to everyone in the town.

ルール31 〈受動態④〉
過去分詞形は、名詞のうしろ、または名詞の前に置かれて、物や人を説明する。

解説 まずは解説をしっかり読もう！

過去分詞形は、物や人をうしろから説明することができます。

例

a car made in Japan（日本で作られた車〔日本製の車〕）
　　（　説明　）

a letter written by our teacher（先生によって書かれた手紙）
　　（　説明　）

英文の中で、「主語＋過去分詞形」や「話題語（目的語）＋過去分詞形」の形になります。

1 「主語＋過去分詞形」の場合

The fish caught by him were very big.
（彼によって捕えられた魚はとても大きかった）

The pictures taken by my father weren't good.
（父によって撮られた写真は良くなかった）

第3章　動詞が変化すると

2「話題語（目的語）＋過去分詞形」の場合

They had a car made in Japan.
（彼らは日本製の車を持っていた）

The students read the letter written by their teacher.
（生徒たちは先生によって書かれた手紙を読んだ）

「caught by him」のような数語ではなく、過去分詞形だけの時は、物や人の前に置いて「過去分詞形＋名詞」の形になります。

例　**a broken egg**（割れた卵）
　　washed dishes（洗われた皿〔洗った皿〕）

3「過去分詞形＋名詞」の場合

Put the washed dishes in the cupboard.
（洗った皿を食器棚にしまいなさい）

例題

次の日本語を英文にしましょう。( )内に単語を入れてください。

「久和田さんによって書かれた曲は美しい。」

( ) ( ) ( ) ( ) Mr.
( ) ( ) ( ).

答

The songs written by Mr.Kuwada are beautiful.

解説

この文の主語は「曲」です。「久和田さんによって書かれた曲」を英語にすると、songs written by Mr.Kuwada になります。

練習 実践!!

次の日本語を( )内の単語を使って英文にしましょう。

1 彼が撮ったその写真は有名だ。

(the, is, him, picture, taken, famous, by)

2 オーストラリアで話されている言葉は英語です。

(English, the, Australia, is, spoken, in, language)

3 イタリア製のあれらのバッグは美しい。

(are, those, in, bags, Italy, made, beautiful)

第3章　動詞が変化すると

4 妹は紙製の人形を買った。

(made, bought, doll, my sister, of, a, paper)

5 私は英語で書かれた手紙を何通か持っている。

(English, letters, I, in, have, written, some)

6 壁に書かれた文字を見ろ。

(at, the, the, on, look, wall, written, letters)

7 アメリカはコロンブスが発見した大陸だ。

(America, continent, Columbus, is, discovered, by, the)

答　確認!!

1 The picture taken by him is famous.

2 The language spoken in Australia is English.

3 Those bags made in Italy are beautiful.

4 My sister bought a doll made of paper.

＊「紙製の」（＝紙で作られた）は、人形が材料のままなので、made of を使います。

5 I have some letters written in English.

6 Look at the letters written on the wall.

7 America is the continent discovered by Columbus.

＊ continent「大陸」

133

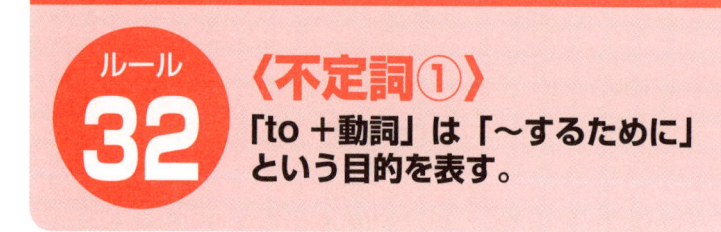

ルール32 〈不定詞①〉
「to ＋動詞」は「～するために」という目的を表す。

解説 まずは解説をしっかり読もう！

形は簡単です。to に動詞をそのままつけるだけです。でも問題は「to ＋動詞」の使いみちが多いことです。これをマスターするには例文を暗記して、「あっ、これはあれと同じ使い方だ」とピンとくるようになることです。

to はもともと「～へ」という意味の単語です。

She went to Tokyo.　　　　　（彼女は東京へ行った）
This is the way to the library.（これが図書館への道です）

ここでは、「～へ」という目的地を表していた to を動詞の前に置いて、「～するために」という目的を表現する使い方を学習します。

I bought this book to study English.
（私は英語を学ぶためにこの本を買った）

第3章　動詞が変化すると

He worked hard to buy a new car.

(彼は新車を買うために懸命に働いた)

She came here to see her mother.

(彼女はお母さんに会うためにここに来た)

例題

次の英文を日本語にしましょう。
We came here to enjoy this wonderful concert.

答

ぼくらはこのすばらしいコンサートを楽しむためにここに来た。

解説

to enjoy「楽しむために」

練習 実践!!

次の日本語を（　）内の単語を使って英文にしましょう。

1. 彼女は歌手になるために東京に行った。
(Tokyo, she, singer, to, a, to, went, be)

2. 彼は美術を学ぶためにフランスへ行った。
(France, he, study, to, to, went, art)

3. ぼくらは昼食を食べるためにベンチに座った。
(lunch, bench, we, on, to, a, have, sat)

4. 彼はその歌を歌うために立ち上がった。
(song, he、the, up, sing, stood, to)

5. 私たちは彼の歌を聴くために静かにしていた。
(we, listen, kept, song, silent, to, his, to)

答 確認!!

1. She went to Tokyo to be a singer.
2. He went to France to study art.
3. We sat on a bench to have lunch.
4. He stood up to sing the song.
5. We kept silent to listen to his song.

第3章 動詞が変化すると

ルール33 〈不定詞②〉
「to ＋動詞」は、前の単語を説明する。

解説 まずは解説をしっかり読もう！

「ルール32」で the way to the library（図書館への道）とありましたが、「to ＋動詞」でも同様に、前の単語を説明することができます。

1「名詞＋ to ～」の場合

some friends to help me
（私を手伝ってくれる友人）

We have a lot of homework to do.
（ぼくらはやるべき宿題がたくさんある）

He had no friends to talk with.
（彼は一緒に話す友達がいなかった）
＊ with ＝ 一緒に

Give me something to drink.
（私に何か飲み物をください）

137

2 「疑問詞＋ to ～」の場合

Tell me when to start.
(いつ出発したらいいか、教えて)

I didn't know where to go.
(どこへ行けばいいか、わからなかった)

He showed me how to use this machine.
(彼は私にこの機械をどのように使うか〔使い方〕を教えてくれた)
＊ how「どのように」

3 「形容詞＋ to ～」の場合

「～してうれしい」「～して驚いた」など、感情を表します。

I am happy to see you again.
(あなたにまた会えてうれしい)

They were surprised to hear the news.
(彼らはその知らせを聞いて驚いた)

第3章 動詞が変化すると

例題

次の英文を日本語にしましょう。

I have a new band to help me on the stage.

答

私にはステージの上で支えてくれる新しいバンドがいる。

解説

「バンドを持っている」では少し不自然。「助ける→支える」などの工夫がほしいところです。

I have a new band to help me on the stage.

練習 実践!!

次の日本語を（ ）内の単語を使って英文にしましょう。

1 読む本がほしいなあ。

(read, book, I, a, want, to)

2 彼らは住む家がなかった。

(house, to, they, had, in, live, no)

3 彼は何か温かい飲み物をほしがっている。

(wants, drink, he, to, hot, something)

4 昨日は何もすることがなかった。

(yesterday, had, to, do, I, nothing)

5 何を買えばいいか母が教えてくれた。

(mother, to, buy, my, me, told, what)

6 君はギターの弾き方を知ってる？

(you, guitar, know, how, the, play, to, do) ?

7 彼にまた会えて驚いた。

(surprised, him, see, to, I, again, was)

8 彼がそれをやったと知って私は悲しい。

(sad, he, am, know, it, did, I, to)

答 確認!!

1 I want a book to read.

2 They had no house to live in.

3 He wants something hot to drink.

　＊ something（何か）は形容詞（hot, cold, new など）の前につける。

4 I had nothing to do yesterday.

5 My mother told me what to buy.

6 Do you know how to play the guitar?

7 I was surprised to see him again.

8 I am sad to know he did it.

ルール34 〈不定詞③〉
「to ＋動詞」は「〜すること」を表す。

解説 まずは解説をしっかり読もう！

「to ＋動詞」の3つめの使い方は「〜すること」。使い方は簡単です。

To study English is interesting.
　　　　□　　　　→　　　○
（英語を勉強することは楽しい）

My hobby is to take pictures of trains.
（私の趣味は電車の写真を撮ることです）

To see is to believe.
（見ることは信じることです）

I like to play the piano.
（私はピアノを弾くことが好きです）

第3章　動詞が変化すると

He wants to play tennis with you.

(彼はあなたとテニスをすることを欲している〔テニスをしたがっている〕)

＊「～することを欲する」→「～したい」

例題

次の日本語を英文にしましょう。(　)内に単語を入れてください。
「私はスターになりたい。」
(　　)(　　)(　　)(　　)
(　　)(　　).

答

I want to be a star.

解説

＊ want to be ～「～になることが欲しい」
→「～になりたい」

練習 実践!!

次の日本語を（　）内の単語を使って英文にしましょう。

1 私たちはそのコンサートに行きたい。
  (go, we, to, to, the, want, concert)

2 彼女はそのドアを開けようとした。
  (door, she, open, the, to, tried)

3 歴史を学ぶことはおもしろい。
  (study, is, to, history, interesting)

4 彼らは再び歩き始めた。
  (walk, again, to, they, began)

5 我が家の犬は弟と散歩するのが好きだ。
  (dog, to, brother, my, walk, likes, our, with)

答 確認!!

1 We want to go to the concert.
2 She tried to open the door.
3 To study history is interesting.
4 They began to walk again.
5 Our dog likes to walk with my brother.

  * walk with 〜「〜と散歩する」

ルール35 〈不定詞④〉
「ask ＋人＋ to 動詞」は「人に〜するように頼む」

解説 まずは解説をしっかり読もう！

「人に〜するように頼む（言う、欲する）」は、「ask（tell, want）＋人＋ to 動詞」で表します。

1 ask ＋人＋ to 動詞 （人に〜するように頼む）

I asked my mother to buy a new shirt.

（私は母に新しいシャツを買ってくれるよう頼んだ）

2 tell ＋人＋ to 動詞 （人に〜するように言う、命じる）

The teacher told me to read the textbook.

（先生は私に教科書を読むように言った）

3 want ＋人＋ to 動詞 （人に〜してほしい）

I want you to go to Osaka.

（私は君に大阪へ行ってほしい）

4 「〜しないように」〔否定〕の場合

「to ＋動詞」の部分を否定形にしたいときは、to の前に not をつけます。

He told us not to go there.

（彼は私たちにそこに行かないように言った）

例題

次の英文を日本語にしましょう。
I want them to enjoy the show.

答

私はみんなにショーを楽しんでほしい。

解説

p145 の want と同じですから、「〜してほしい」の意味になります。

them「彼らに」ですが、ここでは会場の聴衆のことですから「皆、みんな」としておきましょう。

第3章　動詞が変化すると

練習　実践!!

次の日本語を（　）内の単語を使って英文にしましょう。

1 先生は私にタケシを訪問するよう頼んだ。

（the teacher, to, me, Takeshi, visit, asked）

2 母は私たちに野菜を食べるようにと言う。

（my mother, eat, us, to, vegetables, tells）

3 父は私にテレビを見るのをやめるよう言った。

（TV, stop, my, me, told, father, to, watching）

4 両親は私が大学に行くことを望んでいる。

（university, parents, a, me, go, to, want, to, my）

5 私は彼にそのカバンを運んでくれるよう頼んだ。

（bag, to, asked, I, the, him, carry）

6 ぼくは君たちにこの歌を一緒に歌ってほしい。

（song, to, you, want, I, sing, me, this, with）

7 先生は私たちにその店に行くなと言った。

（shop, our teacher, to, us, go, the, not, told, to）

147

答 確認!!

1. The teacher asked me to visit Takeshi.
2. My mother tells us to eat vegetables.
3. My father told me to stop watching TV.
    * stop watching =「見るのをやめる」
4. My parents want me to go to a university.
5. I asked him to carry the bag.
6. I want you to sing this song with me.
7. Our teacher told us not to go to the shop.

第3章 動詞が変化すると

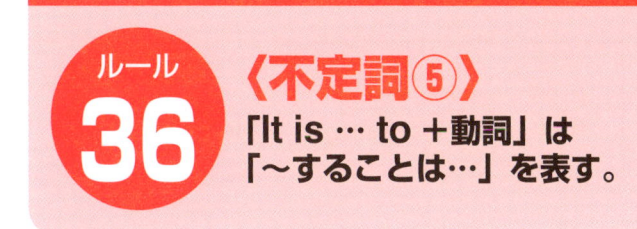

ルール36 〈不定詞⑤〉
「It is … to ＋動詞」は「〜することは…」を表す。

解説 まずは解説をしっかり読もう！

1「〜することは…」は、「It is … to ＋動詞」で表すことができます。

To study English is interesting.
(英語を勉強することはおもしろい)

上の英文は it を使って次のように言い換えることができます。
It is interesting to study English.

<u>It</u> is interesting　それはおもしろい
［It = to study English］　それ＝英語を勉強すること
→「(それ＝) 英語を勉強すること」はおもしろい

2「to ＋動詞」の動作を誰がするのかを言いたいときは、to の前に「for 〜」を入れます。

It is difficult　　　　to play the violin.
(バイオリンを弾くことはむずかしい)
It is difficult for me to play the violin.
(バイオリンを弾くことは私にはむずかしい)

149

例題

次の英文を日本語にしましょう。

It is exciting to sing in a big concert.

答

大きなコンサートで歌うのはワクワクする。

解説

「It is … to +動詞」は「〜することは…」

練習 1　実践!!

次の日本語を英文にしましょう。

1. 歴史を学ぶことはおもしろい。

 (history, is, to, interesting, it, study)

2. コンピュータを使うのは楽しい。

 (fun, use, computer, it, a, to, is)

3. 私には1冊の本を読み終えるのは大変だ。

 (a, it, to, hard, book, me, finish, for, is)

第 3 章　動詞が変化すると

答　確認!!

1 It is interesting to study history.
2 It is fun to use a computer.
3 It is hard for me to finish a book.

練習 2　実践!!

次の英文と同じ内容の英文を作りましょう。

1 The teacher said to us, "Stand up!"
（teacher, to, up, stand, the, told, us）

2 My mother said to me, "Please wash your cup."
（me, mother, to, cup, wash, my, my, asked）

3 The teacher told them to sit down.
＝　The teacher (　　　) (　　　　) them,
"(　　　) (　　　　)."

4 The man asked me to write my name.
＝　The man (　　) (　　) (　　),
"(　　) (　　) (　　) (　　)."

5 I like collecting beautiful stones.
＝　(　　) is fun for (　　) (　　) (　　) beautiful stones.

151

答 確認!!

1 **The teacher told us to stand up.**

解説

先生はぼくらに言った、「立て！」

→ 先生はぼくらに立つように言った。

2 **My mother asked me to wash my cup.**

解説

母は私に「あなたのカップを洗ってちょうだい」と言った。

→ 母は私に私のカップを洗うように頼んだ。

＊please があるので、「頼んだ」ですね。

3 **The teacher (said) (to) them, " (Sit) (down)."**

解説

先生は彼らに座るように言った。

→ 先生は彼らに「座りなさい」と言った。

4 **The man (said) (to) (me) , " (Please) (write) (your) (name) ."**

解説

その男性は私に名前を書くように頼んだ。

→ その男性は私に、「あなたの名前を書いてください」と言った。

5 **(It) is fun for (me) (to) (collect) beautiful stones.**

解説

私はきれいな石を集めるのが好き。

→ きれいな石を集めるのは私には楽しい。

ルール37 〈不定詞⑥〉
「too … to +動詞」は「…すぎて〜できない」を表す。

解説 まずは解説をしっかり読もう！

「to +動詞」は too（〜すぎる）とのペアでよく使われます。

I am　　 tired. 　　　　（私は疲れている）
I am too tired. 　　　　（私は疲れすぎている）
I am too tired to work. （私は働くには疲れすぎている
　　　　　　　　　　　　　　＝私は疲れすぎて働けない）

He is too young to go there alone.
（彼はそこに一人で行くには若すぎる
＝彼は若すぎて、そこに一人で行けない）

＊書き換え

「too 〜 to +動詞」の文は、so 〜 that …（とても〜なので…）の文に書き換えることができます。テストによく出ます。that の後に「〜できない」という文を作る必要があるのでマスターしましょう。

I am too tired to work.
→ **I am   tired.**　（私は疲れている）
　I am so tired.　（私はとても疲れている）
　I am so tired that I can't work.
　　　　　　　（私はとても疲れていて働けない）

ポイントは that の後の I can't ～（～できない）という文です。助動詞 can の文の作り方を復習しておきましょう。

例題

次の英文を日本語にしましょう。
I may be too old to be a star.

答

私はスターになるには年をとりすぎているかもしれない。

解説

may「～かもしれない」

第 3 章 動詞が変化すると

練習 1 実践!!

次の日本語を（　）内の単語を使って英文にしましょう。

1 私は忙しくて弟を手伝えなかった。

（brother, was, busy, my, to, I, help, too）

2 この本は私が読むには難しすぎる。

（for, difficult, too, this book, is, read, me, to）

3 彼はミュージシャンになるには年をとりすぎていた。

（old, a, he, to, was, musician, too, be）

4 公園で遊ぶには暗すぎる。

（play, the, in, dark, is, too, it, to, park）

答 確認!!

1 I was too busy to help my brother.

2 This book is too difficult for me to read.

3 He was too old to be a musician.

4 It is too dark to play in the park.

　＊主語の It は天候を表します。

練習2 実践!!

次の英文と同じ意味の英文を作りましょう。

1 I am too tired to run.
= I am (　　) (　　) that (　　) (　　) (　　).

2 He is too young to go there alone.
= He is (　　) (　　) (　　) (　　) (　　) (　　) (　　) (　　).

3 This box is too heavy for me to carry.
= This box is (　　) heavy (　　) (　　) (　　) (　　) (　　).

4 This song is so difficult that I can't sing it well.
= (　　) (　　) (　　) (　　) (　　) for (　　) (　　) (　　) well.

5 This boy is so young that he can't understand the book.
= (　　) (　　) (　　) too (　　) (　　) (　　) (　　) (　　).

第3章 動詞が変化すると

答 確認!!

1. I am (so) (tired) that (I) (can't) (run).
2. He is (so) (young) (that) (he) (can't) (go) (there) (alone).
3. This box is (so) heavy (that) (I) (can't) (carry) (it).
4. (This) (song) (is) (too) (difficult) for (me) (to) (sing) well.
5. (This) (boy) (is) too (young) (to) (understand) (the) (book).

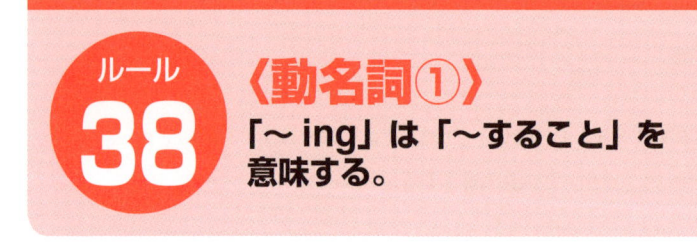

ルール38 〈動名詞①〉
「〜ing」は「〜すること」を意味する。

解説　まずは解説をしっかり読もう！

動名詞「〜ing」は「〜すること」という意味です。

He likes cooking.

□　→　○

(彼は料理することが好きだ)

Playing the guitar is not easy.

(ギターを弾くことは簡単ではない)

Do you mind opening the window?
− No, I don't.

(窓を開けることを気にしますか？　→　窓を開けてもらえますか？)
−(いいえ、気にしません。　→　いいですよ。)
＊ mind「気にする、嫌がる」

第3章　動詞が変化すると

注意

動名詞の「～ ing」（～すること）は、進行形の「～ ing」（～している）と同じ形なので、意味の違いから区別するしかない場合もあります。

例　My hobby is taking pictures.

×　私の趣味は写真を撮っている。

○　私の趣味は写真を撮ることです。〔動名詞〕

例題

次の日本語を英文にしましょう。（　）内に単語を入れてください。

「私は新しいバンドで歌うのが好きです。」

(　　) (　　) (　　) in my (　　) (　　).

答

I like singing in my new band.

練習 実践!!

次の日本語を（　）内の単語を使って英文にしましょう。

1 彼の趣味はピアノを弾くことです。

（hobby, piano, is, playing, his, the）

2 私は７時にエッセイを書き終えた。

（essay, seven, I, at, writing, finished, my）

3 私は空の雲を見るのが好きだ。

（like, in, the sky, clouds, I, watching）

4 私たちはラジオを聞くために話すのをやめた。

（we, the, radio, listen, to, to, talking, stopped）

5 私の父はこの前の日曜、ゴルフをして楽しんだ。

（golf, Sunday, playing, father, enjoyed, my, last）

答 確認!!

1 His hobby is playing the piano.
2 I finished writing my essay at seven.
3 I like watching clouds in the sky.
4 We stopped talking to listen to the radio.
5 My father enjoyed playing golf last Sunday.

第3章 動詞が変化すると

ルール39 〈動名詞②〉
動詞は、前置詞のあとにくるときは「〜ing」形になる。

解説 まずは解説をしっかり読もう！

　前置詞（to, in, on, at, for, of, after, about …）とは、名詞の「前に置く」詞（ことば）です。ですから前置詞のあとに動詞を続ける時には名詞に、つまり動名詞「〜ing」にする必要があります。

　次の文の（　）内には、draw, drew, drawn, drawing のどれを入れるのが適切でしょうか。

She is good at (　) pictures.

（彼女は絵を描くのがうまい）

　正解は drawing です。She is good at drawing pictures. になります。

　私は受験勉強のときにこの法則を知り、「天使の法則だ」と思いました。前置詞のあとで動詞の変化形を選ぶ問題なら、文の意味がわからなくても正解できてしまうからです。

Washing your hands with soap prevents germs from getting into your body.

(石けんで手洗いをすることで、細菌が体内に侵入することを妨げる)

＊soap（石けん）、prevent（妨げる）、germ（細菌）、from（〜から）

難しい文ですが、from のあとなので getting が入りますね。

動名詞は、テストで次のような熟語と一緒によく出ます。
- **be good at 〜** 　　　　　　（〜が得意だ）
- **be fond of 〜** 　　　　　　（〜が好きだ）
- **be afraid of 〜** 　　　　　（〜を恐れる）
- **be looking forward to 〜** （〜を楽しみにしている）
- **thank (you) for 〜** 　　　（〜をありがとう）
- **How about 〜 ?** 　　　　　（〜はどうですか？）

第3章 動詞が変化すると

例題

次の日本語を英文にしましょう。（　）内に単語を入れてください。

「彼女はダンスも得意だよ。」

(　　) (　　) (　　) (　　) (　　), (　　).

答

She is good at dancing, too.

解説

be good at 〜 「〜が得意だ」

「〜も」 〜, too

練習 実践!!

次の日本語を（ ）内の単語を使って英文にしましょう。

1 彼女はギターを弾くのが得意だ。

（guitar, at, is, she, the, playing, good）

2 私は彼女の声を聞くのが好きだ。

（her, am, to, fond, I, voice, of, listening）

3 私はミスをするのを恐れていた。

（mistakes, I, making, afraid, was, of）

4 その老人は孫に会うことを楽しみにしている。

（the, his, grandson, man, looking, to, is, old, forward, seeing）

5 そう言ってくれてありがとう。

（so, you, thank, for, saying）

6 彼と一緒に歌うのはどうですか？

（him, how, singing, about, with）？

次の英文と同じような内容の英文を作ってみましょう。

7 He is good at playing the piano.

→ He (　　　) play the piano well.

→ He is a (　　　) pianist.

第3章 動詞が変化すると

答　確認!!

1 She is good at playing the guitar.

2 I am fond of listening to her voice.

3 I was afraid of making mistakes.

4 The old man is looking forward to seeing his grandson.

5 Thank you for saying so.

6 How about singing with him?

7 He (can) play the piano well.

He is a (good) pianist.

解説

彼はピアノを弾くのが上手だ。

→　彼はピアノを上手に弾くことができる。

→　彼は良いピアニストです。

ルール 40 〈動名詞と不定詞〉
enjoy (finish, stop) のあとにくる動詞は「〜 ing」形になる。

解説 まずは解説をしっかり読もう！

1 like（好きである）

「音楽を聴くことが好きだ」は、次の2通りで言えます。

I like listening to music.
I like to listen to music.

like は心が広い（？）ので、あとに listening〔動名詞〕、to listen〔to +動詞〕のどちらが続いてもよいのです。

2 enjoy（楽しむ）、finish（終える）、stop（やめる）

動詞の中には気難しい動詞があって、動名詞としか付き合わないというものもあります。その代表が enjoy（楽しむ）、finish（終える）、stop（やめる）です。

We enjoyed watching the movie.　× enjoyed to watch
（我々は映画を観ることを楽しんだ）
He finished writing his essay.　× finished to write
（彼は作文を書き終えた）

第3章 動詞が変化すると

We stopped talking and looked at the man on the bridge.
(我々は話すのをやめて、橋の上の男を見た)

3 forget(忘れる)、remember(思い出す)

forgetとrememberはちょっと違ったタイプで、「to＋動詞」(これから〜すること)、動名詞(〜したこと)という意味によって2つを使い分けます。

Don't forget to come to our party.
(忘れずにパーティーに来てね)
Don't forget seeing me here.
(ここで私に会ったことを忘れないで)

Please remember to come to our party.
(パーティーに来るのを覚えておいてね)
Please remember seeing me here.
(ここで私に会ったことを覚えていてね)

例題

次の英文を日本語にしましょう。
Stop talking!　Listen to their last song.

答

おしゃべりをやめろ！　彼らの最後の曲を聴こう。

第 3 章　動詞が変化すると

練習　実践!!

次の日本語を（　）内の単語を使って英文にしましょう。

1 太郎はその DVD を観るのを楽しんだ。

（DVD, Taro, watching, the, enjoyed）

2 大統領はその手紙を読み終えた。

（the, the, finished, letter, President, reading）

3 歩くのをやめて、私の言うことを聞きなさい。

（me, and, walking, listen, stop, to）

4 傘を持って行くのを忘れないでね。

（bring, umbrella, don't, an, to, forget）

5 私はこの試合に勝ったことを決して忘れない。

（never, will, I, game, forget, this, winning）

答　確認!!

1 Taro enjoyed watching the DVD.

2 The President finished reading the letter.

3 Stop walking and listen to me.

4 Don't forget to bring an umbrella.

5 I will never forget winning this game.

ルール 41 〈現在完了とは〉
「have＋過去分詞」で今の状態を表す。

解説 まずは解説をしっかり読もう！

　受動態のところで「過去分詞形」＝「～される」の意味だと説明しましたが、実はもう1つ別の意味があるのです。

　現在完了というものがあり、そのとき過去分詞形は「～した」という意味になるのです。

　皆さんは、過去分詞形に2つの意味があるとわかりにくいと感じるかもしれませんが、大丈夫です。現在完了では、過去分詞形は必ず have とのペアーになるから、絶対にわかります。

　でも、その have についてですが、「英語の文は3種類」と説明しましたが、実はもう1つあるのです。「現在完了」、これだけが英文法の中で例外なのです。現在完了とは、例えば次のような文です。

You have finished the homework.

　have があるので、否定文・疑問文では do を使いたいところですが、実は次のようになります。

〔否定文〕 **You have not finished the homework.**

〔疑問文〕 **Have you finished** the homework?

このように現在完了だけは例外で、独特な否定文・疑問文の形をとり、過去分詞形は「〜した」という意味になるのです。

現在完了は「have + 過去分詞」で表します。では、これはどのような状態を表しているのでしょうか。

I have cleaned my room.

I have(私は持っている) + **cleaned my room**(部屋を掃除した)
→　部屋を掃除した状態を持っている
⇒　私は部屋を掃除してある

「部屋は今きれい」な状態なのです。

I cleaned my room. （私は部屋を掃除した）

こちらは過去形なので、今のことはわかりません。もう部屋を散らかしてしまっているかもしれません。

現在完了は「今してある」「今それをした状態である」ということをハッキリ表すための形です。

I have finished my homework.
（私は持っている＋宿題を終えた＝宿題は終わったよ）

この文が言いたいのは、宿題を終えたという「行為」とともに、宿題を終えているという「今の状態」なのです。

練習 実践!!

次のような状況は「過去」か「現在完了」のどちらかで表せます。現在完了で表現するのがふさわしい文を選んでみましょう。

1 今朝はあわてて歯みがきをしたっけ。
2 もう寝ようかな、歯みがきはしてあるし。
3 宿題、まだ終わんないよ。
4 宿題しなかったから、先生にめちゃくちゃ怒られた。
5 もう2時間も作文を書いてるよ。
6 午前中に2時間かけて作文を書いた。
7 財布をなくした！　電車に乗れない。
8 誰か昨日、財布を落とした人はいませんか。

答 確認!!

2 , 3 , 5 , 7

現在完了という時制は日本語にはないので、その感覚はなかなかつかめませんね。「ルール41」を読んで、もう一度このパートを読み直しておきましょう。

第3章 動詞が変化すると

ルール42 〈現在完了 ①完了〉

現在完了（have＋過去分詞）は①「してある、したところだ」を表す。

解説 まずは解説をしっかり読もう！

　現在完了は、これから「ルール42〜44」で説明していきます。現在完了は「今ある動作を終えている」を表します。「〜してある」「〜したところだ」の意味で just（ちょうど）、already（すでに）、yet（今のところ）がよく使われます。yet は疑問文、否定文で使われます。

1 just（ちょうど）、already（すでに）

Taro has already washed the dishes.

（太郎はすでに皿を洗ってある）

I have just written the letter.

（私はちょうど手紙を書き終えたところだ）

2 yet は疑問文では「もう〜」、否定文では「まだ〜」の意味

Have you read the book yet? 〔疑問文〕

― Yes, I have. / No, I haven't.

（君はもうその本を読んだの？）

－（うん、読んだ／いいや、まだ）

173

My father hasn't washed the car yet. 〔否定文〕
(父はまだ車を洗っていない)

> 例題
>
> 次の英文を日本語にしましょう。
> **The Northern All Stars have just finished the show.**

答

ノーザン・オール・スターズがちょうどショーを終えた。

解説

＊ have just finished「ちょうど終えたところだ」

第3章　動詞が変化すると

練習 1　実践!!

次の日本語を（　）内の単語を使って英文にしましょう。

1 カギをなくした。
(have, my, I, lost, key)

2 お金をもう全部使ってしまった。
(already, all the, I, spent, have, money)

3 お兄ちゃんは東京へ行ってしまった。
(my, to, has, Tokyo, gone, brother)

4 彼女はすでに髪を切ってしまった。
(already, hair, has, she, her, cut)

5 私はまだその本を読んでいない。
(I, the, yet, book, read, haven't)

6 私はまだレポートを書いていない。
(yet, the, I, written, haven't, report)

7 先生ったら、答えを黒板に書いちゃったよ。
(the teacher, the, the, just, has, answer, written, on, blackboard)

答 ✎ 確認!!

1 I have lost my key.
2 I have already spent all the money.
3 My brother has gone to Tokyo.
4 She has already cut her hair.
5 I haven't read the book yet.
6 I haven't written the report yet.
7 The teacher has just written the answer on the blackboard.

第3章 動詞が変化すると

練習2 実践!!

次の会話例を（　）内の単語を使って英文にしましょう。

1 お皿はもう洗ったの？　－うん、やった。

(yet, the, have, you, washed, dishes)？
－ (have, yes, I)

2 宿題はもうやったの？　－いいや、まだ。

(yet, you, homework, have, finished, your)？
－ (I, haven't, no)

答 確認!!

1 Have you washed the dishes yet?

　－ Yes, I have.

2 Have you finished your homework yet?

　－ No, I haven't.

ルール43 〈現在完了 ②経験〉
現在完了（have ＋過去分詞）は②「したことがある」を表す。

解説 まずは解説をしっかり読もう！

現在完了は「〜したことがある」という経験も表すことができます。その場合、before（以前）、once（一度）、〜 times（〜回）、ever（今までに、そもそも）、never（決してない）などがよく使われます。

1 before（以前）、once（一度）、〜 times（〜回）

I **have read** the book **before**.
（私はその本を以前読んだことがある）

He **has seen** a UFO **once**.
（彼は UFO を一度見たことがある）

I **have climbed** Mt. Fuji **three times**.
（私は富士山に3回、登ったことがある）

2 ever（今までに）は疑問文で、never（決してない）は否定文で使われます。

Have you ever been to Kyoto? 〔疑問文〕

（今までに京都に行ったことがありますか？）

＊「行ったことがある」have been to

I have never seen such a beautiful girl. 〔否定文〕

（私はそんなにきれいな少女に会ったことがない）

例題

次の英文を日本語にしましょう。

I have sung my songs many times.

答

私は自分の歌を何度も歌ってきた。

解説

この場合、「歌を歌ったことがある」ではピンときませんね。「私は何度も何度も練習してきた」と自分に言い聞かせています。

＊ sung は sing（歌う）の過去分詞形。

many times「何度も」

練習 実践!!

次の日本語を（ ）内の単語を使って英文にしましょう。

1 私はカレーを3回、作ったことがある。

(made, curry, times, I, have, three)

2 彼女はインドに何度か行ったことがある。

(to, times, she, India, been, has, several)

3 私は車の事故を2度見たことがある。

(twice, accidents, seen, have, car, I)

4 彼は以前ここで大きな魚を捕まえたことがある。

(he, here, big, before, caught, fish, has)

5 ディズニーランドに行ったことがありますか？

(Disneyland, to, ever, been, have, you)？

6 この機械を使ったことがありますか？

(ever, you, machine, have, used, this)？

7 私の母は一度も車を運転したことがない。

(car, my, a, has, driven, mother, never)

答 確認!!

1. I have made curry three times.
2. She has been to India several times.
3. I have seen car accidents twice.
4. He has caught big fish here before.
5. Have you ever been to Disneyland?
6. Have you ever used this machine?
7. My mother has never driven a car.

ルール44 〈現在完了 ③継続〉
現在完了（have ＋過去分詞）は③「ずっと〜している」を表す。

解説 まずは解説をしっかり読もう！

現在完了は、since（〜以来、〜から）、for（〜の間）などを伴って、「ある状態が今もずっと続いている」という継続を表します。

1 since（〜以来）

I **have been** busy <u>since</u> yesterday.

（私は昨日からずっと忙しい）

I **haven't seen** her <u>since</u> last month.

（先月からずっと彼女を見ていない）

2 for（〜の間）

We **have lived** in this town <u>for</u> ten years.

（私たちはこの町に10年間、住んでいる）

第 3 章　動詞が変化すると

> 次の英文を日本語にしましょう。
> **1 How long have ASK44 been on the stage?**
> **2 They have been there for more than one hour.**

1 ASK44 のステージはどのくらい続いているの？

2 彼女たちは 1 時間以上そこでやっているよ。

解説

1 「どのくらい長くステージ上にいるの？」

　→「ステージはどのくらい続いているの？」

2 彼女たちが「ずっとそこ（ステージ上）にいる」わけです。ずいぶん盛り上がっているようです。

＊ more than 〜「〜以上」

練習　実践!!

次の日本語を（　）内の単語を使って英文にしましょう。

1 私の父は先月から中国に滞在しています。

（China, month, father, since, has, in, last, stayed, my）

2 私たちはこの家に 10 年間住んでいます。

（lived, ten, in, we, for, this, have, house, years）

3 あのネコはもう 1 時間も木の上にいる。

（has, on, tree, that, been, for, cat, the, hour, an）

4 彼らは 10 年来の知り合いです。

（for, they, each other, have, ten, known, years）

5 母が亡くなって 5 年になる。

（five, mother, been, my, years, has, for, dead）

6 どのくらいこの村に住んでいらっしゃるのですか？

　− 60 年間です。

（have, in, how, village, lived, long, this, you）？
−（years, sixty, for）

第3章 動詞が変化すると

答 確認!!

1 My father has stayed in China since last month.

2 We have lived in this house for ten years.

3 That cat has been on the tree for an hour.

4 They have known each other for ten years.

＊ each other「お互い」

5 My mother has been dead for five years.

＊英語では「ずっと死んでいる」と表現します。

6 How long have you lived in this village?

— For sixty years.

第4章

文が長くなっていく パターン

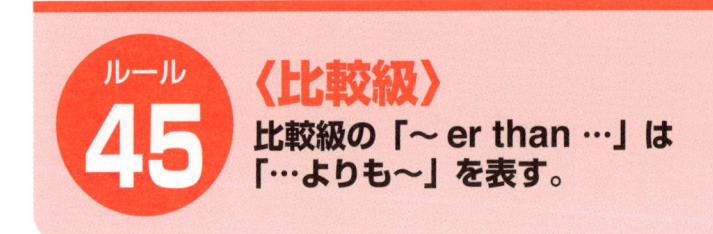

ルール45 〈比較級〉
比較級の「〜 er than …」は「…よりも〜」を表す。

解説 まずは解説をしっかり読もう！

Jiro is tall. （次郎は背が高い）

□ → ○

この文を、誰かと比べて「もっと背が高い」を表すときは形容詞 tall（背が高い）に er をつけます。

Jiro is taller. （次郎はもっと背が高い）

比べる相手は than 〜（〜よりも）で続けます。「太郎よりも」とする場合は than Taro で続けます。

Jiro is taller than Taro. （次郎は太郎よりも背が高い）

Taro runs fast. （太郎は速く走る）

この文を「太郎は次郎よりも速く走る」にする場合も副詞 fast（速く）に er をつけて、than Jiro で続けます。

Taro runs faster than Jiro. （太郎は次郎よりも速く走る）

第4章　文が長くなっていくパターン

＜注意＞

1 つづりが長い形容詞には、うしろに er ではなく、**前に more** をつけます。（最上級は「ルール 46」を参照）

（原級）	（比較級）	（最上級）
beautiful	more beautiful	the most beautiful
important	more important	the most important

This cat is more beautiful than that one.
（このネコはあのネコよりも美しい）

2 good, well, many, much は不規則変化をします。

	（原級）	（比較級）	（最上級）
{ good （良い） well （元気な／上手に）		better	best
{ many （多数の） much （多量の）		more	most

＊「ずっと速く」と強めたいときには much を使います。
Taro runs much faster than Jiro.
（太郎は次郎よりもずっと速く走る）

189

例題

次の日本語を英文にしましょう。（　）内に単語を入れてください。

「あの娘たち（girls）は私よりも若い。」

(　　)(　　)(　　)(　　)
(　　)(　　).

答

Those girls are younger than I.

練習　実践!!

次の日本語を（　）内の単語を使って英文にしましょう。

1 父は母よりも若い。

(my father, than, my mother, is, younger)

2 私のバッグはあなたのよりも新しい。

(is, bag, than, my, newer, yours)

3 日本は中国よりもずっと小さい。

(Japan, China, much, than, smaller, is)

第4章 文が長くなっていくパターン

4 あの車は我が家よりも高価だ。

(house, car, is, our, than, that, expensive, more)

5 うちの犬は私よりも速く歩く。

(our, I, than, faster, dog, walks)

6 ポールはジョンよりもギターを上手に弾く。

(Paul, John, guitar, plays, the, better, than)

7 ジョージはジョンよりも多くの曲を知っている。

(George, John, songs, knows, than, more)

8 君はお父さんより背が高いの？

(than, father, are, your, taller, you)?

答 確認!!

1 My father is younger than my mother.

2 My bag is newer than yours.

3 Japan is much smaller than China.

4 That car is more expensive than our house.

5 Our dog walks faster than I.

6 Paul plays the guitar better than John.

7 George knows more songs than John.

8 Are you taller than your father?

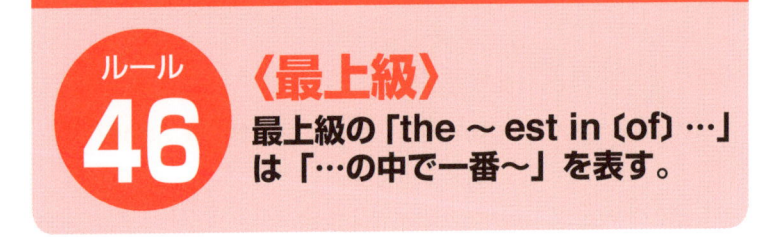

ルール46 〈最上級〉
最上級の「the ~ est in〔of〕…」は「…の中で一番~」を表す。

解説 まずは解説をしっかり読もう!

「最も~」を表す時は最上級の the ~ est を使います。

Jiro is tall. (次郎は背が高い)
→ **Jiro is the tallest.** (次郎は一番背が高い)

「~のうちで」(何人か/いくつかの候補の中で) という場合は of ~ とします。

Jiro is the tallest of the ten boys.
(次郎は10人の少年のうちで一番背が高い)

「~の中で」と範囲で言いたい場合は in ~ とします。

Jiro is the tallest in his class.
(次郎はクラスの中で一番背が高い)

第 4 章　文が長くなっていくパターン

Taro runs fast. （太郎は速く走る）

→　**Taro runs the fastest of the ten boys.**

（太郎は 10 人の少年のうちで最も速く走る）

Taro runs the fastest in his class.

（太郎はクラスの中で最も速く走る）

例題

次の日本語を英文にしましょう。（　）内に単語を入れてください。

「ノーザンは日本で最も人気のバンドだ。」

The Northern (　　)(　　)(　　)(　　)(　　)(　　) Japan.

答

The Northern is the most popular band in Japan.

【解説】

popular はつづりが長いので、前に more、most をつけます。

＊ popular「人気がある」

練習 実践!!

次の日本語を（　）内の単語を使って英文にしましょう。

1 日本では野球が一番人気があります。

(is, baseball, Japan, most, in, the, popular)

2 富士山は日本一高い山だ。

(Mt. Fuji, in, mountain, is, highest, Japan, the)

3 東京スカイツリーは日本一高いタワーだ。

(Tokyo Skytree, in, tower, Japan, is, tallest, the)

4 『こころ』は漱石のすべての本のうちで一番有名だ。

(all the books by Soseki, is, of, "Kokoro", famous, the, most)

5 ビートルズの中でリンゴが最年長だ。

（※リンゴ：ビートルズのメンバーでドラム担当）

(the Beatles, Ringo, the, is, in, oldest)

6 リンゴは４人のうちで一番背が低い。

(Ringo, the, four, the, is, of, shortest)

7 私の母は家族の中で一番早起きです。

(my, my, the, up, mother, earliest, gets, family, in)

8 これは世界一速い電車ですか？

(train, world, the, fastest, in, this, is, the)？

答 確認!!

第4章 文が長くなっていくパターン

1. Baseball is the most popular in Japan.
2. Mt. Fuji is the highest mountain in Japan.
3. Tokyo Skytree is the tallest tower in Japan.
4. "Kokoro" is the most famous of all the books by Soseki.
5. Ringo is the oldest in the Beatles.
6. Ringo is the shortest of the four.
7. My mother gets up the earliest in my family.
8. Is this the fastest train in the world?

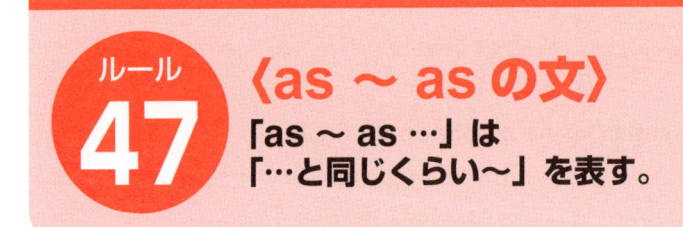

ルール47 〈as ～ as の文〉
「as ～ as …」は「…と同じくらい～」を表す。

解説 まずは解説をしっかり読もう！

as ～（同じくらい～）を使った表現も覚えておきましょう。

1「as ～ as …」（…と同じくらい～）

「次郎はお父さんと同じくらい背が高い」を英文にしてみましょう。

Jiro is　tall （次郎は背が高い）　　　　　　+ as

→ **Jiro is as tall** （次郎は同じくらい背が高い）+ as ～

→ **Jiro is as tall as his father.**

（次郎はお父さんと同じくらい背が高い）

「太郎は先生と同じくらい速く走る」を英文にしてみましょう。

Taro runs　fast （太郎は速く走る）　　　　　+ as

→ **Taro runs as fast** （太郎は同じくらい速く走る）+ as ～

→ **Taro runs as fast as his teacher.**

（太郎は先生と同じくらい速く走る）

第 4 章　文が長くなっていくパターン

2「as ～ as …」の否定は「not as ～ as …」(…ほど～でない)

Hanako is not as tall as her mother.

(花子はお母さんほど背が高くない)

次の英文を日本語にしましょう。

Am I as good as the Northern and ASK?

私はノーザンや ASK と肩を並べられるのかな？

解説

　ここでは Am I ～？と疑問文になっています。as good as はこの場合、「同じくらい良い」では不自然です。

197

練習 1 　実践!!

次の日本語を（ ）内の単語を使って英文にしましょう。

1 中国はアメリカと同じくらい大きい。
（China, America, as, as, is, big）

2 日本はドイツと同じくらいの大きさだ。
（Japan, Germany, big, as, is, as）

3 イギリス（the UK）は本州と同じくらいの大きさだ。
（the UK, as, is, Honshu, big, as）

4 私の祖父は首相と同い年です。
（grandfather, as, the Prime Minister, is, my, old, as）

5 花子は太郎と同じくらい速く走った。
（Taro, Hanako, fast, as, ran, as）

6 私の携帯は京子のものほど新しくない。
（cell phone, Kyoko's, as, not, my, new, as, is）

答　確認!!

1 China is as big as America.
2 Japan is as big as Germany.
3 The UK is as big as Honshu.
4 My grandfather is as old as the Prime Minister.
5 Hanako ran as fast as Taro.

第4章 文が長くなっていくパターン

6 My cell phone is not as new as Kyoko's.

練習2 実践!!

次の英文と同じ内容の英文を完成させましょう。

America is bigger than Japan.

→ Japan is (　　) than America.
→ Japan (　　) not (　　) (　　) (　　) America.

答 確認!!

Japan is (smaller) than America.

Japan (is) not (as) (big) (as) America.

解説

アメリカは日本よりも大きい。

→ 日本はアメリカよりも小さい。
→ 日本はアメリカほど大きくない。

ルール48 〈比較の様々な表現①〉
細かい表現は例文を覚えてしまおう！

解説 まずは解説をしっかり読もう！

「比較」では様々な表現があります。種類は多いのですが、それぞれは単純な決まりなので、例文を覚えておけば大丈夫です。

1 as ～ as ＋主語＋ can 「できるだけ～」

Run as fast as you can.

（できるだけ速く走れ）

We worked as hard as we could.

（私たちはできるだけ一生懸命に勉強した）

2 … times ＋ as ～ as 「…倍～」

「…倍～」を表したいときは「as ～ as」の前に… times を入れます。

China is twenty times as large as Japan.

（中国は日本の 20 倍大きい）

「2倍〜」の場合は times を使わず、twice のみで表すことができます。

His report is twice as long as mine.

(彼のレポートは私の2倍長い)

3 -er and -er（比較級 and 比較級）「だんだん〜」

warmer and warmer とすると「だんだん暖かく」の意味になります。このように -er and -er で「だんだん〜」という意味を表します。

It got darker and darker.

(だんだん暗くなった)

4 one of the 〜 est … 「最も〜な…の一つ」

one of the 〜 est …で「最も〜な…の一つ」という言い方ができます。日本語の「最大級の…」などにあたる表現です。

The Tone river is one of the longest rivers in Japan.

(利根川は日本で最も長い川の一つです)

Tokyo is one of the biggest cities in the world.

(東京は世界で一番大きい都市の一つだ)

例題

次の日本語を英文にしましょう。（ ）内に単語を入れてください。

「これは日本でも最大級のコンサートの一つです。」

(　　) is (　　) (　　) (　　) (　　) concerts (　　) Japan.

答

This is one of the biggest concerts in Japan.

練習　実践!!

次の日本語を（ ）内の単語を使って英文にしましょう。

1 私はできるだけ速く走った。

(ran, fast, as, I, could, I, as)

2 うちのネコはお宅のよりも2倍大きい。

(is, twice, as, yours, cat, as, our, big)

3 このラケットはあれの3倍の値段だ。

(this, times, is, as, racket, three, expensive, as, that one)

第4章 文が長くなっていくパターン

4 あの古いギターはこの新品より10倍高い。

(is, new one, as, guitar, expensive, times, that, as, old, this, ten)

5 だんだん暖かくなる。

(and, gets, warmer, it, warmer)

6 これは日本で最も長い橋の1つです。

(Japan, one, is, the, of, this, longest, in, bridges)

7 この家はこの町で最も古い建物の1つだ。

(town, this, this, buildings, in, house, one, the, oldest, of, is)

答 確認!!

1 I ran as fast as I could.
2 Our cat is twice as big as yours.
3 This racket is three times as expensive as that one.
4 That old guitar is ten times as expensive as this new one.
5 It gets warmer and warmer.
6 This is one of the longest bridges in Japan.
7 This house is one of the oldest buildings in this town.

ルール49 〈比較の様々な表現②〉
like A better than B (B より A が好き)
like A the best (A が一番好き)
-er than any other ~ (他のどんな~よりも…)

解説 まずは解説をしっかり読もう！

1 like A better than B（B より A が好き）

I like tennis.（私はテニスが好き）

この文を「私は野球よりテニスが好き」とするには、まず better を使って、

→ **I like tennis better**

比べる相手は than ~ を使うので、

→ **I like tennis better than baseball.**

（私は野球よりテニスが好き）

2 like A the best（A が一番好き）

「私はテニスが一番好き」とするには the best を使います。

I like tennis the best.

上の文に in ~（~の中で）や of ~（~のうちで）を付け足すと、

I like tennis the best in the world.

（私は世界で一番テニスが好き）

I like tennis the best of all the sports.

（私はすべてのスポーツのうちで一番テニスが好き）

第4章 文が長くなっていくパターン

3 -er than any other ～（他のどんな～よりも…）

Mt. Fuji is the highest mountain.

（富士山は一番高い山です）

この文は、any（どんな～も）と other（他の）を使って「他のどんな山よりも高い」と書き換えることができます。

→ **Mt. Fuji is higher than any other mountain.**

（富士山は他のどんな山よりも高い）

次の文を「他のどんなタワーよりも高い」に書き換えましょう。

Tokyo Skytree is the tallest tower.

（東京スカイツリーは一番高いタワーです）

→ **Tokyo Skytree is taller than any other tower.**

（東京スカイツリーは他のどんなタワーよりも高い）

例題

次の日本語を英文にしましょう。（　）内に単語を入れてください。

1 私は自分の曲が世界で一番好き。

（　　）love（　　）songs（　　）
（　　）in（　　）（　　）.

2 私のバンドは日本のどのバンドよりも良い。

（　　）band（　　）（　　）（　　）
any（　　）（　　）in Japan.

205

答

1 I love my songs the best in the world.

2 My band is better than any other band in Japan.

練習 1 　実践!!

次の日本語を（　）内の単語を使って英文にしましょう。

1 私は犬よりネコが好き。

(like, than, I, dogs, better, cats)

2 私は英語より理科のほうが好きだ。

(English, like, science, I, than, better)

3 私は四季の中では冬が一番好きだ。

(I, winter, like, seasons, the, best, of, the four)

答 　確認!!

1 I like cats better than dogs.

2 I like science better than English.

3 I like winter the best of the four seasons.

第4章 文が長くなっていくパターン

練習2 実践!!

次の英文を、any other を使ってそれぞれ書き換えましょう。

1 Mt. Everest is the highest mountain.
= Mt. Everest (　　) (　　　) (　　　) (　　　) (　　　) (　　　).

2 Our school is the oldest building in this town.
= Our school (　　　) (　　　) than (　　　) (　　　) (　　　) in (　　　) (　　　).

3 Mr. Yamada is the tallest teacher in this school.
= (　　　) (　　　) (　　　) (　　　) (　　　) (　　　) (　　　) (　　　) (　　　) (　　　) (　　).

答 確認!!

1 Mt. Everest (is) (higher) (than) (any) (other) (mountain).

2 Our school (is) (older) than (any) (other) (building) in (this) (town).

3 (Mr.) (Yamada) (is) (taller) (than) (any) (other) (teacher) (in) (this) (school).

207

ルール50 〈疑問詞のある文①〉
what（何）、who（誰）、which（どちら）などは、文の最初にくる。

解説 まずは解説をしっかり読もう！

1 what（何）

「あなたは何が好きですか？」を英文にしてみましょう。まず「何」= what ですが、what は文の始めにくるので、
What +「あなたは好きですか？」とすればよいのです。
What do you like?

「あなたは何を持っていますか？」なら、
What +「あなたは持っていますか？」として、
What do you have?
このような質問に答えるとき、Yes や No では答えられませんね。「私は〜を持っています」と文で答える必要があります。
I have cookies.（私はクッキーを持っています）

次に「あれは何ですか？」「地図です」を英文にしてみましょう。
What is that?
- It is a map.

第4章 文が長くなっていくパターン

「あなたは何をしているのですか？」「私は作文を書いています」を英文にすると、

What are you doing?
- I am writing a report.

2 who（誰）

who の場合も同じ要領です。

「あなたは誰が好きですか？」なら

Who do you like?
- I like that boy. （私はあの少年が好きです）

「あなたは誰を見ているのですか？」なら

Who are you looking at?
- I am looking at you. （私はあなたを見ています）

3 which（どちら）、whose（誰の）

which、whose も同じ使い方ができます。

Which do you like?　- I like this one.
（あなたはどちらが好きですか？　－私はこちらが好きです）
Whose is this pencil?　- It is my sister's.
（この鉛筆は誰のですか？　－私の妹のです）

例題

次の日本語を英文にしましょう。（ ）内に単語を入れてください。

「新しいバンドの名前は何というのですか？」
－「名前はないんです。」

( ) ( ) the ( ) of the ( ) ( ) ?
- ( ) ( ) have a ( ).

答

What is the name of the new band?
- It doesn't have a name.

練習 実践!!

次の日本語を（ ）内の単語を使って英文にしましょう。

1 これは何ですか？ －DVD プレイヤーです。

(this, what, is) ?
- (a, it, DVD player, is)

2 あなたは何を見ているの？ －空の雲を見ているんだ。

(you, what, looking, are, at) ?
- (the, I, at, clouds, in the sky, looking, am)

第4章　文が長くなっていくパターン

3 あなたは何ができる？　－このビンを運んであげるよ。

(you, can, what, do) ?

- (can, bottles, I, these, carry)

4 あの女の人は誰ですか？　－私たちの英語の先生です。

(is, woman, that, who) ?

- (is, English, our, she, teacher)

5 あなたは誰を待っていたの？　－トモコを待っていたの。

(you, who, waiting, were, for) ?

- (Tomoko, for, was, waiting, I)

答　確認!!

1 What is this?

- It is a DVD player.

2 What are you looking at?

- I am looking at the clouds in the sky.

3 What can you do?

- I can carry these bottles.

4 Who is that woman?

- She is our English teacher.

5 Who were you waiting for?

- I was waiting for Tomoko.

ルール51 〈疑問詞のある文②〉

where（どこ）、when（いつ）、why（なぜ）、how（どのように）などの疑問詞も、文の最初にくる。

解説 まずは解説をしっかり読もう！

where（どこ）、when（いつ）、why（なぜ）、how（どのように）の場合も「ルール50」と要領は同じです。

【疑問文の作り方】　①疑問詞は文頭におく。
　　　　　　　　　②疑問文を続ける。

1 where（どこ）

Where + あなたは住んでいるのですか？

→ **Where do you live?**

（あなたはどこに住んでいるのですか？）

- **I live in Bangkok.**（バンコクに住んでいます）

2 when（いつ）

When + あなたは勉強するのですか？

→ **When do you study?**

（あなたはいつ勉強するのですか？）

- **I study before dinner.**（夕食の前に勉強します）

3 why（なぜ）

Why ＋ あなたは勉強するのですか？

→ **Why do you study?**

（あなたはなぜ勉強するのですか？）

- **I don't know.**（わかりません）

4 how（どのように）

How ＋ あなたは〜を見つけたのですか？

→ **How did you find the building?**

（あなたはどうやってそのビルを見つけたの？）

- **I had a map.**（地図を持っていたんだ）

例題

次の日本語を英文にしましょう。

「私たちはいつショーを始められるの？」

答

When can we start our show?

解説

When ＋ can we start 〜 ?

→ When can we start our show?

練習 実践!!

次の日本語を（　）内の単語を使って英文にしましょう。

1. あなたはどこでフルートを吹くのですか？
　－学校です。
　（you, flute, play, the, where, do）？
　- （it, play, I, school, my, in）

2. あなたはどこで勉強するのですか？
　－自分の部屋で勉強します。
　（you, where, study, do）？
　- （study, in, I, room, my）

3. 君はどこにいたの？
　－本屋にいたんだよ。
　（you, where, were）？
　- （a, was, bookstore, in, I）

4. どこでチケットが買えますか？
　－あの店で買えますよ。
　（a, where, ticket, buy, I, can）？
　- （one, you, at, buy, that, can, store）

5. なぜその山に登ったのですか？
　－そこにあったから。
　（did, why, the, climb, you, mountain）？
　- （it, there, because, was）

第 4 章 文が長くなっていくパターン

答 確認!!

1 Where do you play the flute?

- I play it in my school.

2 Where do you study?

- I study in my room.

3 Where were you?

- I was in a bookstore.

4 Where can I buy a ticket?

- You can buy one at that store.

5 Why did you climb the mountain?

- Because it was there.

ルール52 〈まとまりを作る疑問詞〉
疑問詞は名詞や形容詞とくっついて、whose ～（誰の～）、how ～（どのくらい～）などを表す。

解説　まずは解説をしっかり読もう！

whose（誰の）、how（どのくらい）、what（何の、どの）、which（どちらの）は、他の語とくっついて、まとまりを作ることができます。「ルール50、51」と同様に、疑問文を続けていけば完成です。

1 whose（誰の）

Whose bag is this?　- It is mine.

［誰の・カバン］

（これは誰のカバンですか？　－私のです）

2 how（どのくらい）

How old are you?　- I'm fourteen years old.

［どのくらい・古い（＝何歳）］

（あなたは何歳ですか？　－14歳です）

How many books do you have?

［どのくらい・多い・本］

（あなたは本を何冊持っていますか？）

第 4 章　文が長くなっていくパターン

- I have ten books.

- （本を 10 冊持っています）

3 what（何の、どの）

<u>What</u> <u>color</u> do you like the best?

［何の・色］

（あなたは何色が一番好き？）

- I like blue the best.

- （青が一番好き）

例題

次の日本語を英文にしましょう。（　）内に単語を入れてください。

「何曲を演奏できるんだろう？」

(　　) (　　) (　　) (　　) we (　　)?

答

How many songs can we play?

解説

<u>How</u> <u>many songs</u> can we play?

［どのくらい・多い・曲］

217

練習　実践!!

次の日本語を（　）内の単語を使って英文にしましょう。

1. これは誰の傘ですか？

    －タカシのです。

    (whose, is, this, umbrella)？

    - (is, it, Takashi's)

2. あの橋はどのくらい古いのですか？

    －およそ60年です。

    (that, is, old, bridge, how)？

    - (sixty, is, years, about, old, it)

3. どのくらい彼女を待ったの？

    －2時間待ったよ。

    (her, long, did, wait, you, how, for)？

    - (two, for, hours, I, waited)

4. この学校には何名の生徒がいますか？

    －1000人です。

    (school, students, many, there, this, are, in, how)？

    - (are, thousand, one, there)

5. その男性のシャツは何色でしたか？

    －青でした。

(the, color, was, man's, what, shirt) ?

- (was, it, blue)

6 君はどちらの机を使う？

　－ぼくは右のを使うよ。

(desk, you, use, will, which) ?

-(use, right, one, will, I, the)

答 確認!!

1 Whose umbrella is this?

- It is Takashi's.

2 How old is that bridge?

- It is about sixty years old.

3 How long did you wait for her?

- I waited for two hours.

4 How many students are there in this school?

- There are one thousand.

5 What color was the man's shirt?

- It was blue.

6 Which desk will you use?

- I will use the right one.

ルール53 〈主語になる疑問詞〉
who や what は主語になることができる。

解説　まずは解説をしっかり読もう！

今まで学んだ「疑問詞＋疑問文」のパターンではなく、「疑問詞が主語」というパターンもあります。

1 who が主語になるとき：「誰が〜？」

Who opens this gate every morning?

（誰が毎朝この門を開けるの？）

Who made this box?　- Taro did.

（誰がこの箱を作ったの？　－太郎だよ）

2 what が主語になるとき：「何が〜？」

What is in this box?　- My dress is.

（何がこの箱の中にあるの？　－私のドレスよ）

注　who や what は **3人称単数** の扱いなので、現在形のときは動詞に **s** がつきます。

第4章 文が長くなっていくパターン

例題

次の日本語を英文にしましょう。（　）内に単語を入れてください。

「誰が私のマイク（mike）を使ったの？」

(　　　) (　　　) my (　　　)?

答

Who used my mike?

解説

置いておいたマイクがどこかにいってしまったようです。

練習 実践!!

次の日本語を（ ）内の単語を使って英文にしましょう。

1. 誰が私のケーキを食べたの？
 －次郎だよ。
 (cake, ate, who, my)？
 - (did, Jiro)

2. 誰がアメリカを発見したのですか？
 －コロンブスです。
 (America, who, discovered)？
 - (did, Columbus)

3. 空を飛んでいるのは何だ？
 － UFO だ！
 (is, in, what, the, flying, sky)？
 - (is, UFO, a)！

4. あの少年を追いかけているのは何だ？
 －大きな犬だ！
 (that, what, running after, is, boy)？
 - (dog, is, big, a)！

第4章 文が長くなっていくパターン

答 確認!!

1 Who ate my cake?

- Jiro did.

2 Who discovered America?

- Columbus did.

3 What is flying in the sky?

- A UFO is!

4 What is running after that boy?

- A big dog is!

ルール54 〈疑問詞を使った比較級・最上級〉
Which is +比較級〜?「どちらがもっと〜?」
Which is +最上級〜?「どれが一番〜?」

解説 まずは解説をしっかり読もう！

whichやwhoを使って「どちらがもっと〜？」「どれ〔誰〕が一番〜？」とたずねることができます。whoは人に対して使います。

1 2つを比べるとき：比較級（-er）

「どちらがもっと〜？」と聞くときは、Which is +比較級〜？やWho is +比較級〜？を使います。

Which is older, this dog or that cat? － That cat is.
（この犬とあのネコ、どちらが年寄り？　－あのネコです）

Who is taller, Jiro or Saburo? － Saburo is.
（次郎と三郎、どちらが背が高い？　－三郎です）

2 3つ以上を比べるとき：最上級（-est）

「どれ〔誰〕が一番〜？」と聞くときは、Which is +最上級〜？やWho is +最上級〜？を使います。

第4章 文が長くなっていくパターン

Which can run the fastest, a cat, a dog, or a rabbit?
- I don't know.
（ネコと犬とウサギ、どれが一番速く走れる？ －わかりません）

Who is the tallest, Ichiro, Jiro or Saburo?
- Saburo is.
（一郎、次郎、三郎の誰が一番背が高い？ －三郎です）

　betterを使って「どちらが好き？」、bestを使って「どれ〔誰〕が一番好き？」とたずねることができます。

3 「AとBのどちらが好きですか？」：比較級（better）

Which do you like better, tennis or golf?
- I like tennis better.
（テニスとゴルフのどちらが好きですか？ －テニスのほうが好きです）

4 「どれ〔誰〕が一番好きですか？」：最上級（the best）

Which do you like the best, tennis, golf, or baseball?
- I like baseball the best.
（テニス、ゴルフ、野球のどれが一番好きですか？ －野球が一番好きです）

例題

次の英文を日本語にしましょう。
We have two more mikes.
Which mike do you like better, this one or that one?

答

私たちはマイクをあと 2 個持っています。
これとあれではどちらのマイクが好きですか？

解説

* which mike 「どちらのマイク」
　ここでは which mike は「まとまり」になっています。

練習　実践!!

次の日本語を（　）内の単語を使って英文にしましょう。

1 お父さんとお母さん、どちらが年上？
　－わからない。
　(is, who, father, mother, older, or）？
　- (don't, I, know)

2 このダイアモンドと我が家、どちらが高いの？
　－ダイアモンドです。

第4章　文が長くなっていくパターン

（or, which, this, is, house, more, diamond, our, expensive）？　　- (is, the, diamond)

3 卑弥呼と清少納言と淀君、一番きれいなのは誰？

（or, is, Himiko, Seishounagon, Yodogimi, the, who, beautiful, most）？

4 コーヒーと日本茶、どちらが好きですか？

（coffee, Japanese tea, better, you, which, like, do, or）？

5 おでんと寿司とスキヤキ、どれが一番好き？

（you, the, oden, sushi, sukiyaki, which, best, like, do, or）？

答　確認!!

1 Who is older, father or mother?

- I don't know.

2 Which is more expensive, this diamond or our house?

- The diamond is.

3 Who is the most beautiful, Himiko, Seishounagon, or Yodogimi?

4 Which do you like better, coffee or Japanese tea?

5 Which do you like the best, oden, sushi, or sukiyaki?

ルール55 〈関係代名詞①〉
関係代名詞の who と which は主語として文を作り、前の語を説明する。

解説 まずは解説をしっかり読もう!

1 人を説明するとき：who

「この絵を描いた生徒」と言うとき、「この絵を描いた」は長い説明なので、後ろから説明する形になりそうです。

でも「その生徒 (the student)」と「この絵を描いた (painted this picture)」を並べてしまったら、the student painted this picture という文になってしまいますね。ここで登場するのが who です。

the student who ～
（生徒）　（誰かというと～）

the student who painted this picture
　　　　　　○（　　　　　　　　　　）
（この絵を描いた生徒）

そして　**who painted this picture**
　　　　（□　　→　　○　　）

の部分をよく見ると、□→○という文の形になっています。

(p81 参照)

228

第4章　文が長くなっていくパターン

　このように who を主語にした文で、前の語（the student）の説明ができるのです。

もっと作ってみましょう。
「あの窓を割った男」　　the man who broke that window
「この本を書いた女性」　the woman who wrote this book

完全な文も挙げておきます。
Risa is the student who painted this picture.
（リサがこの絵を描いた生徒だ）
The student who painted this picture is Risa.
（この絵を描いた生徒はリサだ）

2 人以外を説明するとき：which

　人以外を説明するときは which を使います。

「8時に始まる番組」　　a program which begins at eight
「その丘の上に建つ家」a house which stands on the hill
「この機械の使い方を示す本」
　　　　a book which shows how to use this machine
　　　　　　　　　　　　＊「示す」show
The cat which ate the fish was Mike.
（その魚を食べたネコはミケだった）

例題

次の英文を日本語にしましょう。
In this hall I have the people who will listen to my songs.

答

このホールには私の歌に耳を傾けてくれる人たちがいる。

練習　実践!!

次の日本語を（　）内の単語を使って英文にしましょう。

1. ユイは歌手になりたがっている女の子です。
（be, Yui, singer, is, a, a, to, who, girl, wants）

2. 佐藤先生は私たちに音楽を教えている先生です。
（music, Mr. Sato, teacher, teaches, is, us, the, who）

3. タケシがそのドアを開けた生徒だ。
（the student, is, door, who, opened, Takeshi, the）

4. その手紙を書いた女の子はケイコだった。
（wrote, was, Keiko, the, the, letter, girl, who）

第4章　文が長くなっていくパターン

5 漱石は『我輩は猫である』を書いた作家です。
 (writer, Soseki, wrote, who, the, is, 'I Am a Cat.')

6 主人公は名前がない猫です。
 (the hero, name, which, is, does, a, cat, not, a, have)　　　＊「主人公」hero

7 日本はたくさんの山と川がある国です。
 (lots of, a, rivers, which, is, Japan, has, mountains, country, and)

8 その壁を壊した車は彼のものだった。
 (wall, car, the, the, was, which, his, broke)

答　確認!!

1 Yui is a girl who wants to be a singer.
2 Mr. Sato is the teacher who teaches us music.
3 Takeshi is the student who opened the door.
4 The girl who wrote the letter was Keiko.
5 Soseki is the writer who wrote 'I Am a Cat.'
6 The hero is a cat which does not have a name.
7 Japan is a country which has lots of mountains and rivers.
8 The car which broke the wall was his.

ルール 56 〈関係代名詞②〉
関係代名詞の that や which は前の語を説明する。

解説 まずは解説をしっかり読もう!

1 人の場合：that

　ここでは「私が好きな女の子」を英語にしてみましょう。材料は「女の子（a girl）」と「私が好き（I like）」です。そしてここで登場するのが that です。

the girl　that 〜

女の子（誰かというと〜）

the girl that I like

　the girl that I like と聞いて、ちょっと変な感じと思った人、あなたの感覚は正しい。「私が好きな〜」ですから、本来は I like that となるはずです。でも、that が「前の語を説明する」ために girl の直後に行ってしまい、that I like の語順となったわけです。

第4章 文が長くなっていくパターン

「私が会ってみたい歌手」 the singer that I want to see
「彼女が待っていた男」 the man that she was waiting for
「君が駅で見た男」 the man that you saw in the station

That is the girl that you like.
(あれが君の好きな少女だね)

＊that の代わりに whom を使うこともあります。
the girl whom I like（私の好きな少女）

2 人以外のとき：that と which

人以外の場合は、that と which のどちらも使えます。
「私が昨日買った本」であれば、

the book that 〜

と言って、「私が昨日買った」を続ければよいわけです。

○ the book that I bought yesterday
○ the book which I bought yesterday

「彼が買った家」 the house which / that he bought
「彼らが住む家」 the house which / that they live in

The violin which / that she played was very expensive.
(彼女が弾いたバイオリンはとても高価だった。)

233

Is this the key which / that you lost?

（これが君が失くしたカギ？）

例題

次の英文を日本語にしましょう。
She is the singer that I talked about.

答

彼女が僕が話していた歌手だ。

解説

talk about「〜について話す」

練習 実践!!

次の日本語を（ ）内の単語を使って英文にしましょう。
1 田中先生は私たちが好きな先生です。
 (we, Mr.Tanaka, is, like, a, that, teacher)
2 彼が助けてあげた老人は有名な画家だった。
 (the old man, painter, he, a, that, famous, helped, was)
3 これが私の妹が書いた手紙です。
 (my, letter, which, wrote, sister, is, this, the)

第4章 文が長くなっていくパターン

4 これが彼が昨日弾いたギターです。

(played, is, he, the, yesterday, this, that, guitar)

5 先生が使っている辞書はとてもオンボロだ。

(our teacher, is, which, dictionary, uses, the, old, very)

6 僕がここで見つけたカギは先生のだった。

(here, I, which, found, key, our teacher's, the, was)

7 私が川で見たカメは大きかった。

(turtle, in, that, was, the, the, saw, I, big, river)

答 確認!!

1 Mr.Tanaka is a teacher that we like.
2 The old man that he helped was a famous painter.
3 This is the letter which my sister wrote.
4 This is the guitar that he played yesterday.
5 The dictionary which our teacher uses is very old.
6 The key which I found here was our teacher's.
7 The turtle that I saw in the river was big.

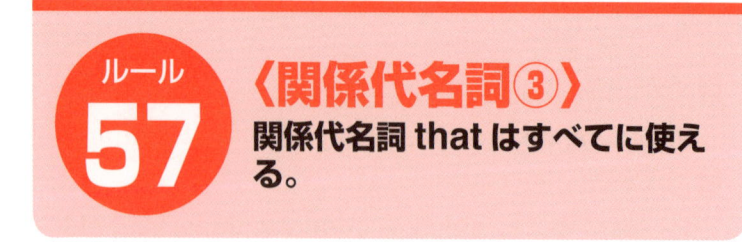

ルール57 〈関係代名詞③〉
関係代名詞 that はすべてに使える。

解説 まずは解説をしっかり読もう！

「ルール55、56」で、前の語を説明する関係代名詞 who/which と that/which を学びました。説明する語が「人」か「人以外」か、文の中での働きが主語か目的語かで使い分けました。

ところが that は、実はこのすべてのケースで使えるのです。したがって who と which で紹介した例は、次のように that を使っても OK です。

the student that painted this picture
（この絵を描いた生徒）

a house that stands on the hill
（その丘の上に建つ家）

関係代名詞 that を使って、文を作りましょう。

The pencils that he used were very short.
（彼が使っていた鉛筆はとても短かった）

第4章 文が長くなっていくパターン

次の2つの文を、that を使って1つの文にしてみましょう。

① **Taro was the student.** （太郎が生徒だった）
The student broke the cup. （生徒はカップを割った）

「カップを割った生徒」を作ればよいので、
the student that 〜とします。

→ **Taro was the student that broke the cup.**
（太郎がそのカップを割った生徒だった）

② **This is the guitar.** （これはギターです）
He played the guitar yesterday.
（彼は昨日ギターを弾いた）

→ **This is the guitar that he played yesterday.**
（これは彼が昨日弾いたギターだ）

例題

次の英文を日本語にしましょう。
I will sing songs that give people hope.

答

私は人々に希望を与える歌を歌おう。

練習 実践!!

次の２つの英文を、関係代名詞 that を使って１つの英文にしてみましょう。

1 That is the boy.
Kyoko likes the boy.
→ That is (　　　) (　　　) (　　　) (　　　) (　　　).

2 We live in a house.
The house stands on the hill.
→ We live in a house (　　　) (　　　) (　　　) (　　　) (　　　).

3 The girl was Keiko.
The girl wrote this letter.
→ The girl (　　　) (　　　) (　　　) (　　　) was (　　　).

4 The magazine was expensive.
I bought the magazine.

第4章　文が長くなっていくパターン

→ The magazine (　　　) I (　　　　)
(　　　　) (　　　　).

5 The house is old.
She lives in the house.
→ (　　) (　　　) (　　　) (　　　　)
(　　　) (　　　) (　　　) old.

答　確認!!

1 That is (the) (boy) (that) (Kyoko) (likes).
2 We live in a house (that) (stands) (on) (the) (hill).
3 The girl (that) (wrote) (this) (letter) was (Keiko).
4 The magazine (that) I (bought) (was) (expensive).
5 (The) (house) (that) (she) (lives) (in) (is) old.

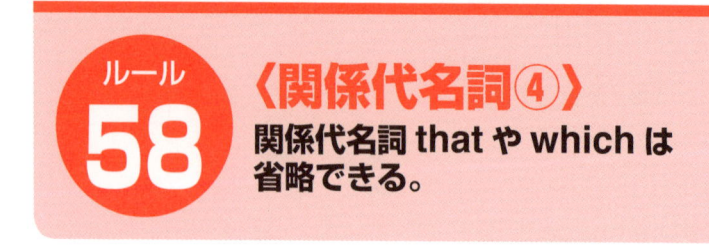

ルール58 〈関係代名詞④〉
関係代名詞 that や which は省略できる。

解説 まずは解説をしっかり読もう！

「ルール56」で習った関係代名詞 that と which は、よく省かれます。

the book (that / which) I bought yesterday
（私が昨日買った本）
the girl (that) I like
（私が好きなその少女）

The violin (that / which) she has is very expensive.
（彼女が持っているバイオリンはとても高価だ）

第4章　文が長くなっていくパターン

例題

次の日本語を英文にしましょう。（　）内に単語を入れてください。

「これは私がこのギタリスト（guitarist）と一緒に書いた曲です。」

This is a (　　) (　　) (　　) with this (　　).

答

This is a song I wrote with this guitarist.

解説

song と I の間に which（または that）が省略されています。

練習 実践!!

次の日本語を英文にしましょう。書く時に that を省略してください。

1 あれが私の好きな娘です。

( ) ( ) ( ) ( )
( ) ( ).

2 これが君が失くしたカギ？

( ) ( ) ( ) ( )
( ) ( ) **?**

3 これが妹が書いた手紙です。

( ) ( ) ( ) ( )
( ) ( ) ( ).

答 確認!!

1 That is the girl I like.
2 Is this the key you lost?
3 This is the letter my sister wrote.

ルール59 〈関係代名詞⑤〉
who や which が適切でない場合は、that を使う。

解説 まずは解説をしっかり読もう！

関係代名詞 who/which と that は、「ルール 55、56」ではどちらも使えるのでした。ところが、関係代名詞 who や which ではなく、that を使ったほうがよい場合があるのです。

1 人と動物の両方を指す場合

We watched the man and the dog that were running in the park.

(ぼくらは公園を走っていた男と犬を見ていた)

人 (the man) だけなら who、動物 (the dog) だけなら which でよいのですが、人と動物の両方を指す場合は that を使います。

2 最上級で1つしかない場合

This is the best movie that I have ever seen.

(これは私が今まで見た中で最高の映画だ)

「最高の映画」といっているので、1つしかありません。which はもともと「どれ」という意味ですが、1つしかないものに which（どれかというと）を続けるのは変な感じがするので that を使うのです。

3 順番（〜番目の）を表す場合

He is the first man that climbed the mountain.

（彼はその山に登った最初の男だ）

4 the only（唯一の）、the very（まさに）、all（すべての）がついている場合

Tomoko was the only student that solved the question.

（トモ子はその問題を解いた唯一の生徒だった）

That was the very coat that I wanted.

（あれはまさに私がほしかったコートだった）

He gave me all the money that he had then.

（彼はそのとき持っていたすべてのお金を私にくれた）

5 anythig や everything の場合

Is there anything that I can do for you?

（君のために何かできることあるかな？）

第4章 文が長くなっていくパターン

例題

次の日本語を英文にしましょう。（ ）内に単語を入れてください。
「これはぼくが今まで見た中で最高のショーだ。」
(   ) (   ) (   ) (   ) show (   ) (   ) (   ) ever (   ).

答

This is the best show that I have ever seen.

解説

先行詞は the best show です。the best は最上級で1つしかありませんので、この場合は関係代名詞 that で説明しています。

練習 実践!!

次の文を（ ）内の単語を使って英語で書いてみましょう。

1 次郎はその問題を解いた最初の生徒だった。
(solved, Jiro, first, that, was, the, student, question, the)

2 アズサはその木に登った唯一の少女だ。
(Azusa, tree, girl, is, the, climbed, the, only, that)

3 これは今まで私が読んだ中で最高の本だ。

(book, I, read, is, best, have, the, that, ever, this)

4 弟はそこで見た、あらゆることに興味をもった。

(my brother, everything, interested, saw, was, that, in, there, he)

5 彼女が今日語ったすべての言葉を私は忘れない。

(won't, she, I, all the words, said, that, forget, today)

答 確認!!

1 Jiro was the first student that solved the question.

2 Azusa is the only girl that climbed the tree.

3 This is the best book that I have ever read.

4 My brother was interested in everything that he saw there.

5 I won't forget all the words that she said today.

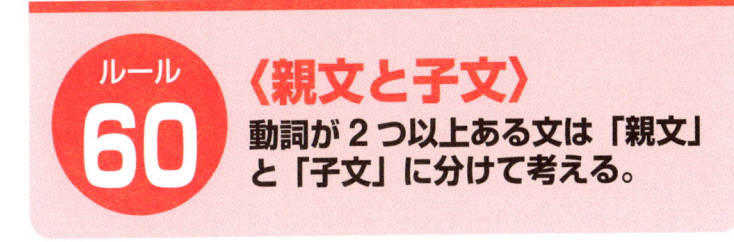

第4章 文が長くなっていくパターン

ルール60 〈親文と子文〉
動詞が2つ以上ある文は「親文」と「子文」に分けて考える。

解説 まずは解説をしっかり読もう!

The woman you saw in the library is my teacher.

この文は関係代名詞の which(または that)が省略されています。そのため文の構造がわかりづらくなっています。ここで役に立つのが「文には動詞は1つ」のルールです。

ここには saw と is の2つの動詞があります。つまり、この英文は2つの文からできているのです。「you saw」(君が見た)と「~ is my teacher」(~は私の先生だ)です。ここで文全体を見直してみましょう。

The woman you saw in the library is my teacher.

分解1

親文　**The woman** 　　　　　　　　**is my teacher.**
　　　(その女性は　　　　　　　　　私の先生です)

分解2

子文　　　　**you saw in the library**
　　　　　　(君が図書館で見た)

247

you saw（君が見た）は、その前の woman（女性）を説明しています。

<訳> 君が図書館で見たその女性は私の先生です。

このように、全体の文(The woman ... is my teacher.)の中に、小さな文（you saw in the library）が含まれているのです。

全体の文を親文、小さな文を子文と呼ぶことにします。長くて複雑に見える文であっても、「文に動詞は1つ」のルールに基づいて分解していけば「親文」と「子文」を見分けることができます。

> **例題**
>
> 文の構造を考えながら、次の英文を日本語にしましょう。
>
> **The song they have just started is her new single.**

答

彼らがたった今始めた歌が彼女のニューシングルだ。

解説

The song they have just started is her 〜．

第4章 文が長くなっていくパターン

練習 実践!!

次の英文を日本語にしましょう。文のしくみがわかるかな。

1 In the shop the boy found a toy he liked.
2 I knew the word he wrote on the board was wrong.

答 確認!!

1 その店で、少年は気に入ったおもちゃを見つけた。

解説

In the shop the boy found a toy he liked. 〔動詞は2つ〕

親文 **In the shop the boy found a toy**
(その店で、少年はおもちゃを見つけた)

子文 **a toy he liked**
(彼が気に入ったおもちゃ)

2　私は、彼が黒板に書いたその単語は間違いだと知っていた。

解説

I knew the word he **wrote** on the board **was** wrong.

〔動詞は3つ〕

親文［子文］　**I knew [the word　　　　　was wrong].**
　　　　　　（私は［その単語は間違いだ］と知っていた）

孫文　　　　**the word（he wrote on the board）**
　　　　　　　　（彼が黒板に書いた）単語

第5章

特別な形の文

ルール61 〈命令文〉
「動詞の原形〜」は「〜しなさい」、「Don't ＋動詞の原形〜」は「〜するな」を表す。

解説　まずは解説をしっかり読もう！

1 命令文：「〜しなさい」

「動詞の原形〜」で文を始めると、「〜しなさい」になります。この場合、動詞は変化しません。

Study English.　　　　　（英語を勉強しなさい）
Stop watching TV.　　　（テレビを観るのをやめなさい）
Be quiet.　　　　　　　（静かにしなさい）
Open the door, please. / Please **open** the door.
（ドアを開けてください）

2 否定の命令文：「〜するな」

「Don't ＋動詞の原形〜」で文を始めると、「〜するな」になります。

Don't watch TV now.
（今はテレビを観るな）
Don't be noisy.
（うるさくするな）

第5章 特別な形の文

3 命令文、and 〜 :「…しなさい、そうすれば〜」
   命令文、or 〜 :「…しなさい、さもないと〜」

　命令文のあとに and 〜や or 〜を続けると「そうすれば〜」や「さもないと〜」という文ができます。

Study hard, and you will pass the exam.

（一生懸命勉強しなさい、そうすればあなたは試験に通りますよ）

Get up at once, or you will be late.

（すぐに起きなさい、さもないとあなたは遅刻しますよ）

4 Let's 〜 :「〜しよう」

　let（〜させる）を使い、Let's 〜で「〜しよう」となります。
（Let's 〜 = Let us 〜 = 私たちに〜させよう = 〜しよう）

Let's go to the river. （川に行こう）

例題

次の日本語を英文にしましょう。(　)内に単語を入れてください。

「この曲を私と一緒に歌ってください。」

(　　)(　　)(　　)(　　) along with (　　).

答

Please sing this song along with me.

解説

「~と一緒に」 along with ~

練習 実践!!

次の日本語を(　)内の単語を使って英文にしましょう。

1 『ルール』を気をつけて読みなさい。

(the, read, carefully, 'Rules')

2 『問題』を何度も何度もやりなさい。

(do, the, again and again, 'Questions')

3 あきらめてはいけません。

(up, don't, give)

第 5 章　特別な形の文

4 この本を勉強しなさい、そうすればあなたは英文法を身につけられるでしょう。

(master, the English grammar, book, you, this, study, will, and)　　＊master「身につける」

5 この本を何度も読みなさい、さもないとあなたは『ルール』を忘れてしまいますよ。

(again and again, or, read, will, book, forget, this, you, the'Rules')

答　確認!!

1 Read the'Rules'carefully.
2 Do the'Questions'again and again.
3 Don't give up.
4 Study this book, and you will master the English grammar.
5 Read this book again and again, or you will forget the 'Rules'.

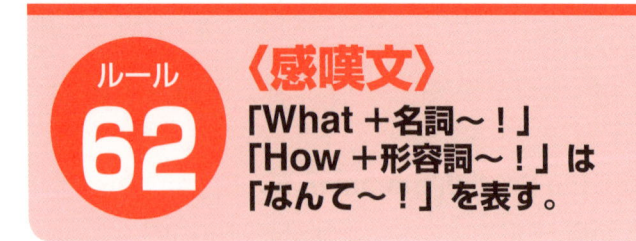

ルール62 〈感嘆文〉「What ＋名詞〜！」「How ＋形容詞〜！」は「なんて〜！」を表す。

解説 まずは解説をしっかり読もう！

What 〜！や How 〜！を使って、「なんて〜！」という感嘆文を作ることができます。

1 What ＋名詞＋ 〜！

what は名詞に使います。

What a big car! （なんて大きい車！）
What a beautiful girl! （なんと美しい少女！）

2 How ＋形容詞＋ 〜！

how は形容詞などに使います。

How long! （なんて長い！）
How wonderful! （なんてすばらしい！）
How delicious! （なんておいしい！）
How fast! （なんて速い！）

次のように主語や動詞も付け加えてみましょう。

第 5 章　特別な形の文

< What ～ ! >

What a big car he has!

（彼はなんて大きい車を持っていることか！）

What a beautiful girl she has grown!

（彼女はなんと美しい少女に成長したことか！）

< How ～ ! >

How long this bridge is!

（この橋はなんて長いことか！）

How wonderful her party was!

（彼女のパーティーはなんとすばらしかったことか！）

How fast he runs!

（彼はなんて速く走ることか！）

例題

次の日本語を英文にしましょう。（　）内に単語を入れてください。
「なんてすてきなコンサート！」
(　　)(　　)(　　)(　　)!

答

What a nice concert!

解説

a concert（名詞）なので what を使いますね。

257

練習 実践!!

次の日本語を（ ）内の単語を使って英文にしましょう。

1 なんて古い車！
(car, old, an, what)！

2 なんて美しい！
(beautiful, how)！

3 これはなんと大きなネコだろう！
(cat, is, big, what, a, this)！

4 このネコはなんて大きいのだろう！
(cat, is, big, this, how)！

5 彼らはなんと親切な少年たちだったことか！
(boys, kind, they, what, were)！

6 彼女の歌はなんと美しいことか！
(are, beautiful, songs, her, how)！

答 確認!!

1 What an old car!
2 How beautiful!
3 What a big cat this is!
4 How big this cat is!
5 What kind boys they were!
6 How beautiful her songs are!

第5章　特別な形の文

ルール 63 〈There is 〜/There are 〜の文〉
「〜がある／いる」は、単数は There is 〜、複数は There are 〜で表す。

解説 まずは解説をしっかり読もう！

There is 〜や There are 〜の文は、「〜がある／いる」の意味を表します。単数か複数かに注意しましょう。

1 「〜がある」「〜がいる」

There is a cat on the chair.
（いすの上にネコがいる）

There are lots of guitars in his room.
（彼の部屋にはたくさんのギターがある）

There wasn't any water in the pot.
（ポットには水がなかった）

2 「〜がありますか？」「〜がいますか？」

Are there any students in the room?
- Yes, there are. / No, there aren't.
（部屋には生徒がいますか？　-はい、います／いいえ、いません）

259

anyは「いくつでも・どんなものでもよいからとにかく」の意味の語です。ですからこの質問は any students「1人でも何人でもいいからとにかく生徒」がいるかどうかをたずねています。

some は「いくつか、何人か」の意味ですから、Are there some students in the room? の場合は、「(1人ではなく) 何人か生徒が部屋にいますか？」の意味です。

「～がありますか？」や「～がいますか？」の質問は、(いくつあるかに関わらず) あるかどうかを聞きたいので、any ～でたずねるのが一般的です。

3 「いくつありますか？」「どのくらいありますか？」

how（どのくらい）と組み合わせて、数や量をたずねる文を作ることができます。

How many books are there in this library?

どのくらい・多くの・本

― There are ten thousand (books).

(この図書館には何冊の本がありますか？ － 1万冊あります)

How much money was there in the bag?

どのくらい・多い・お金

― There was two hundred yen.

(バッグにはお金がいくら入っていましたか？ － 200円ありました)

第5章 特別な形の文

例題

次の英文を日本語にしましょう。

There are joy and sorrow in her songs.

答

彼女の歌には喜びも悲しみもある。

解説

joy「喜び」　　sorrow「悲しみ」

練習 実践!!

次の日本語を（　）内の単語を使って英文にしましょう。

1 公園に大きな木がある。

（park, tree, in, is, the, a, there, big）

2 我が家の前にバス停がある。

（bus stop, there, house, in front of, a, is, our）

3 通りに沿ってお店が何軒かあった。

（street, stores, there, some, along, the, were）

4 その部屋には何冊か本はありますか？

　－いいえ、ありません。

（room, the, any, there, in, books, are）？

- （there, no, aren't）

5 この動物園にはどれくらいの動物がいますか？

　　－約 300 の動物がいます。

(many, there, in, zoo, animals, how, are, this)?

- (are, three, about, hundred, there)

6 ホールには何人の人がいましたか？

　　－ 2000 人いました。

(people, many, hall, were, how, in, there, the)?

- (thousand, there, two, were)

答　確認!!

1 **There is a big tree in the park.**
2 **There is a bus stop in front of our house.**
3 **There were some stores along the street.**
4 **Are there any books in the room?**
   - **No, there aren't.**
5 **How many animals are there in this zoo?**
   - **There are about three hundred (animals).**
6 **How many people were there in the hall?**
   - **There were two thousand (people).**

第 5 章　特別な形の文

ルール 64 〈付加疑問文〉
前の文が肯定文のときは、否定形にする。前の文が否定文のときは、肯定形にする。

解説 まずは解説をしっかり読もう！

付加疑問文とは、相手に「〜ですね？」と念を押す文です。疑問文の作り方に自信がない人は「ルール4と8」を復習しましょう！

「マユミはきれいです」を「マユミはきれいですね」と念を押す言い方にすると、次のようになります。

Mayumi is beautiful.
（マユミはきれいです）

→ **Mayumi is beautiful, isn't she?**
（マユミはきれいですね）

付加疑問文の作り方
① **Mayumi is** を疑問文にする。　→ **is Mayumi?**
② **Mayumi is 〜** は肯定なので、①の **is Mayumi?** を否定にする。　→ **is not Mayumi?**
③ **is not Mayumi?** を短縮形にする。　→ **isn't Mayumi?**
④ **Mayumi** を代名詞（**she**）に変える。　→ **isn't she?**

263

例題

次の英文に「～ですね」をつけてみましょう。

1 **Your father plays golf.** 〔肯定文〕

（あなたのお父さんはゴルフをします）

2 **We can't forget this concert.** 〔否定文〕

（私たちはこのコンサートを忘れられない）

答

1 Your father plays golf, doesn't he?

（あなたのお父さんはゴルフをしますね）

解説

Your father plays ～は肯定文ですから、付加疑問文は否定の doesn't your father? で、your father を代名詞（he）に変えます。

2 We can't forget this concert, can we?

（私たちはこのコンサートを忘れられないね）

解説

We can't ～は否定文ですから、付加疑問文は can we? となります。

第5章 特別な形の文

練習 実践!!

次の文を( )内の単語を使って英語で書いてみましょう。

1 彼は警官ですよね。

(is, he, he, policeman, a, isn't)?

2 今日はあなたの誕生日ですよね。

(today, is, birthday, it, it, your, isn't)?

3 君はチケットを持ってるよね。

(the, you, ticket, have, you, don't)?

4 あなたは皿洗いをしなかったよね。

(wash, you, did, you, dishes, didn't, the)?

答 確認!!

1 He is a policeman, isn't he?

2 It is your birthday today, isn't it?

3 You have the ticket, don't you?

4 You didn't wash the dishes, did you?

ルール65 〈間接疑問文〉
「I know where ＋主語＋動詞〜」は「私はどこで〜を知っている」を表す。

解説　まずは解説をしっかり読もう！

I know 〜などの「〜」の部分に、もう1つの文「疑問詞(when, where など) ＋主語＋動詞〜」を入れて、「私はいつ〜を知っている」「私はどこで〜を知っている」という意味の文を作ることができます。

1 I know ＋「疑問詞＋主語＋動詞〜」の文

I know where 〜
（私はどこで〜か知っている）

I know where she lives.
（私はどこに彼女が住んでいるか知っている）

ほかの疑問詞でも同様に文を作ることができます。
Tell me when you will come home.
（あなたがいつ家に帰ってくるのか、私に教えてね）

He told me why he went there alone.
(彼はなぜ一人でそこへ行ったのか、私に話してくれた)
Do you know what her name is?
(君は彼女の名前が何というのか知っている？)

2 I know ＋「疑問詞〔主語〕＋動詞～」の文

疑問詞が主語になっている場合の例です。

I know who opened the door.
(誰がそのドアを開けたのか、私は知っている)
Do you know what happened here last night?
(何がここで昨夜起きたのか、あなたは知っていますか？)

例題

次の英文を日本語にしましょう。
I wonder when I can see her again.

答

また彼女を見られるのはいつだろう。

解説

wonder は「～なのだろうか」（よくわからない）という意味です。

練習 実践!!

次の日本語を（ ）内の単語を使って英文にしましょう。

1 彼女はどうやってそれを作ったか、私に教えてくれた。
 (it, she, she, told, how, me, made)

2 今朝あなたが何を見たのか、私に話してください。
 (me, you, what, this morning, tell, saw)

3 うちのネコが何をしたいのか、私はわかる。
 (do, cat, what, to, I, wants, my, know)

4 今何時か知っていますか？
 (time, you, it, know, is, what, do, now)？

5 昨夜、彼がどこにいたか、あなたは知っていますか？
 (he, you, night, know, last, do, was, where)？

6 タケシがいつ戻ってきたか、君は覚えている？
 (Takeshi, you, back, when, remember, came, do)？

7 誰がこの窓を割ったか、誰か知っている？
 (window, anybody, broke, does, this, who, know)？

答 確認!!

1. She told me how she made it.
2. Tell me what you saw this morning.
3. I know what my cat wants to do.
4. Do you know what time it is now?
5. Do you know where he was last night?
6. Do you remember when Takeshi came back?
7. Does anybody know who broke this window?

■著者略歴
齋藤　泰弘（さいとう　やすひろ）

埼玉県生まれ。立教大学英米文学科卒業。埼玉県の高等学校教諭を経て、その後、学習塾や英会話学校で講師を務め、英語を教える。現在は会社勤めをしながら英文法などの研究を続けている。

本書の内容に関するお問い合わせは弊社HPからお願いいたします。

中学3年分の英語が面白いほどわかる65のルール

2014年11月23日	初版発行	著　者	齋藤　泰弘
2020年 7月 9日	第25刷発行		
		発行者	石野　栄一

明日香出版社

〒112-0005 東京都文京区水道2-11-5
電話 (03) 5395-7650（代表）
　　 (03) 5395-7654（FAX）
郵便振替 00150-6-183481
https://www.asuka-g.co.jp

■スタッフ■
BP事業部　久松圭祐／藤田知子／藤本さやか／田中裕也／朝倉優梨奈／竹中初音
BS事業部　渡辺久夫／奥本達哉／横尾一樹／関山美保子

印刷　株式会社フクイン
製本　根本製本株式会社
ISBN 978-4-7569-1737-9 C2082

本書のコピー、スキャン、デジタル化等の無断複製は著作権法上で禁じられています。
乱丁本・落丁本はお取り替え致します。
©Yasuhiro Saito 2014 Printed in Japan
編集担当　石塚幸子

中学英語の基本のところが 24 時間でマスターできる本

超ロングセラー著者，長沢先生が読者から届く様々な質問に答えるべく始まった FAX 講座。「今までわからなかった英語がわかるようになった！」と大好評の 100 枚プリントがとうとう書籍化！

長沢　寿夫

本体価格
1,300 円+税
B6 変型 (216)
06.03 発行
4-7569-0972-8

中学 3 年分の英語が 21 時間でマスターできる本

大好評「中学英語の基本のところが 24 時間でマスターできる本」の第 2 巻です。前著で基本の基本をマスターしたら，次はこの本でレベルアップ！　見易い見開き構成，2 色刷，質問券付きです。

長沢　寿夫

本体価格
1,300 円+税
B6 変型 (216)
06.07 発行
4-7569-1002-5

高校英語の基本のところが 24 時間でマスターできる本

今までのシリーズと同じ見開き構成。簡単な単語，フレーズをくり返し勉強することで苦手意識のある人でも続けられる。中学英語よりも文法解説がレベルアップ。

長沢　寿夫

本体価格
1,400 円+税
B6 変型 (240)
07.12 発行
978-4-7569-1145-2

中学3年分の英文法が10日間で身につく＜コツと法則＞

中学で習う英文法のポイントを「100 の法則」にまとめました。各項目の一つ一つをわかりやすく解説し，きちんと理解できているかどうか，そのつど練習問題を解いてみて，確認しながら読み進めていくことができます。この 1 冊で中学英語の文法の基礎が身につきます。

長沢　寿夫

本体価格
1,300 円+税
B6 並製 (224)
09.08 発行
978-4-7569-1320-3

中学 3 年分の英単語が 10 日間で身につく＜コツと法則＞

中学 3 年間で学ぶ重要単語を品詞別・ジャンル別にまとめて学習。見開き 2 ページ構成で，左ページで各 10 個の単語を学び，右ページの例文で単語の意味と使い方を確認します。例文は日常使われる身近な英文中心です。各単語にルビと発音記号をつけています。CD 付き，2 色刷。

長沢　寿夫

本体価格
1,400 円+税
B6 変型 (248)
10.09 発行
978-4-7569-1407-1

高校 3 年分の英文法が 10 日間で身につく＜コツと法則＞

高校 3 年間で習う英文法の大事なところを「100 の法則」にまとめました。『中学 3 年分の英文法』を読んだ方が次のステップとして読める内容です。(見開き 2 ページ構成で，左ページが文法説明，右ページが確認ドリル)。『中学英文法』と『高校英文法』の 2 冊で，中高 6 年間で習う英文法の基礎が身につきます。

長沢　寿夫

本体価格
1,400 円+税
B6 並製 (232)
09.12 発行
978-4-7569-1351-7